Selbst gemachte

Babysachen

Kleidung, Spielsachen und vieles mehr

Selbst gemachte
Babysachen

Kleidung, Spielsachen und vieles mehr

DK London
Cheflektorat Mary Ling, Penny Smith
Projektbetreuung Kathryn Meeker
Redaktion Hilary Mandelberg
Bildredaktion Nicola Rodway,
Marianne Markham, Jane Ewart
Fotos Ruth Jenkinson
Herstellung Alex Bell, Sarah Isle, Rosie Levine
Art Director Jane Bull

DK Dehli
Cheflektorat Alicia Ingty
Lektorat Dorothy Kikon
Bildredaktion Ira Sharma,
Navidita Thapa, Sourabh Challariya
DTP-Design Jagtar Singh
Herstellung Sunil Sharma, Pankaj Sharma

Für die deutsche Ausgabe:
Programmleitung Monika Schlitzer
Projektbetreuung Dr. Bettina Gratzki
Herstellungsleitung Dorothee Whittaker
Herstellung und Covergestaltung Margret Hiebler
Herstellungskoordination Claudia Rode

Titel der englischen Originalausgabe:
Made for Baby

Übersetzung Wiebke Krabbe
Lektorat Anja Fuhrmann

ISBN 978-3-8310-2550-3

Druck und Bindung Hung Hing Printing Group, China

Besuchen Sie uns im Internet
www.dorlingkindersley.de

Hinweis
Die Informationen und Ratschläge in diesem Buch sind von den
Autoren und vom Verlag sorgfältig erwogen und geprüft, dennoch
kann eine Garantie nicht übernommen werden. Eine Haftung der
Autoren bzw. des Verlags und seiner Beauftragten für Personen-,
Sach- und Vermögensschäden ist ausgeschlossen.

Vorwort

Die Geburt eines Babys ist ein aufregendes Ereignis – und ein guter Grund, sich Zeit für das Nähen und Basteln liebevoller Geschenke zu nehmen. *Selbst gemachte Babysachen* steckt voller Ideen für niedliche Kleidung, Babyspielzeug und Zubehör fürs Kinderzimmer. Auch Schönes und Praktisches für junge Mütter ist dabei.

Dieses Buch präsentiert über 50 Projektvorschläge. Entscheiden Sie selbst, ob Sie die Anleitungen genau befolgen oder lieber als Grundlage für eigene Ideen verwenden möchten. Sie brauchen nur die Form von Ohren und Schwanz der Maus (Seite 136–143) zu verändern, um einen Hasen daraus zu machen. Schablonen, Stempel oder Stickereimotive können Sie selbst entwerfen, eine einfache Zeichnung kann mithilfe der genauen Anleitungen in diesem Buch zu einer Applikation oder einem Knopfbild werden. Ein bisschen eigene Kreativität genügt schon, um aus jedem Projekt etwas ganz Individuelles zu machen.

Stoffe sollten vor dem Zuschneiden und Nähen immer gewaschen werden, damit das fertige Stück nicht einlaufen kann. Achten Sie bei Projekten für kleine Kinder gewissenhaft auf Sicherheit. Kleinteile wie Knöpfe müssen sorgfältig befestigt und auch im späteren Gebrauch regelmäßig auf sicheren Halt geprüft werden. Doch bevor es losgeht: Blättern Sie durch die Seiten dieses Buches, um das ideale Geschenk für das tollste Baby der Welt zu finden.

Inhalt

Kinderzimmer

EXTRAS FÜR DAS LAMM

- ✿ Nähgarn: Hellgrau, Schwarz, Rosa
- ✿ 25 × 30 cm hellgrauer Stoff für den Körper
- ✿ Stoffreste in Cremeweiß und Rosa für Nase und Schleife

EXTRAS FÜR DIE GIRAFFE

- ✿ hellbraunes Nähgarn
- ✿ 30 × 20 cm hellbrauner Stoff für den Körper
- ✿ hellbraune Stoffreste für Hufe, Nase, Stirnlocke und Hörner

Kuschel-
Kissen

Diese niedlichen Kissen können Sie einzeln oder als Paar nähen – Ton in Ton oder in Kontrastfarben. Durch die Öffnung auf der Rückseite wird ein Inlett von 40 × 40 cm Größe hineingeschoben.

MATERIAL ✿ Filzstift oder Bleistift ✿ Transparentpapier ✿ Schere ✿ 40 × 40 cm Bügeleinlage pro Kissen ✿ Stoffe für die Tiere (siehe gegenüber) ✿ Bügeleisen ✿ Stecknadeln ✿ Hauptstoff pro Kissen: 1 Stück von 42 × 42 cm, 2 Stücke von 42 × 31 cm ✿ kontrastfarbiges Garn zum Heften ✿ Nähnadel ✿ Garn in der Farbe des Hauptstoffs ✿ Nähmaschine mit Zickzackstich ✿ schwarzes Stickgarn ✿ Sticknadel ✿ 45 × 45 cm Volumenvlies pro Kissen ✿ 45 × 45 cm dünner weißer Baumwollstoff pro Kissen

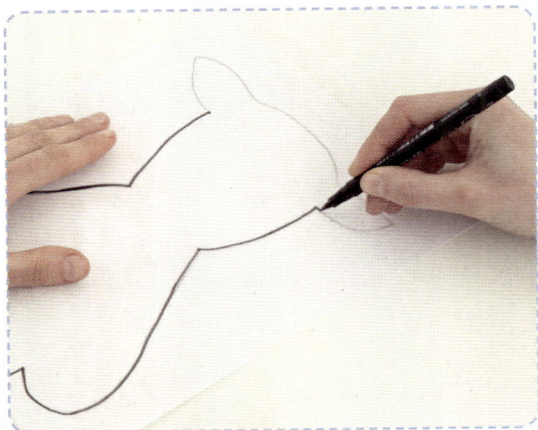

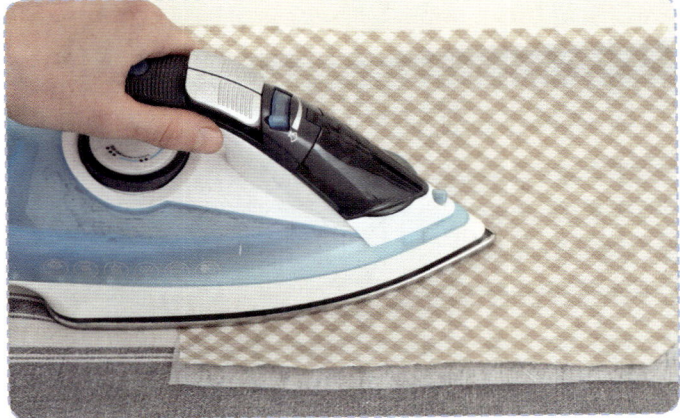

1 **Mit Filzstift oder Bleistift** die Vorlagen für das Lamm oder für die Giraffe (Seite 228) auf Transparentpapier kopieren. Die Vorlagen ausschneiden.

2 **Bügeleinlage auf die Stoffe** für die Tierkörper und auf Stoffreste für die Details bügeln. Die Einlage vorher passend zuschneiden und das Bügeleisen nicht zu heiß einstellen. Die glänzende Seite der Einlage und die linke Stoffseite liegen aufeinander. Das Bügeleisen fest auf den Stoff drücken, bis die Einlage gut am Stoff haftet.

4 **Den Tierkörper mittig** auf das Kissen-Vorderteil stecken. Für das Lamm die Nase und die Schleife auf den Körper legen. Für die Giraffe die Hufe, die Nase und die Stirnlocke auf den Körper legen. Die Enden der Hörner unter den Kopf schieben. Alle Teile feststecken.

3 **Die Vorlagen** auf den mit Bügeleinlage verstärkten Stoff stecken. Akkurat ausschneiden, dann Stecknadeln und Vorlagen entfernen. Das Quadrat und die beiden Rechtecke aus Hauptstoff bügeln. Aus ihnen werden Vorderseite und Rückseiten des Kissens.

Kontrast-
farbiges
Garn

5 **Alle Teile – auch die ganz kleinen –** ringsherum mit kontrastfarbigem Garn auf die Kissen-Vorderseite heften. Die Stecknadeln entfernen.

6 **Auf der Nähmaschine** einen breiten, aber sehr engen Zickzackstich einstellen. Farblich passendes Garn für Ober- und Unterfaden verwenden und sorgfältig alle Konturen der Motive aufsteppen. (Weitere Informationen dazu finden Sie im Kasten gegenüber.)

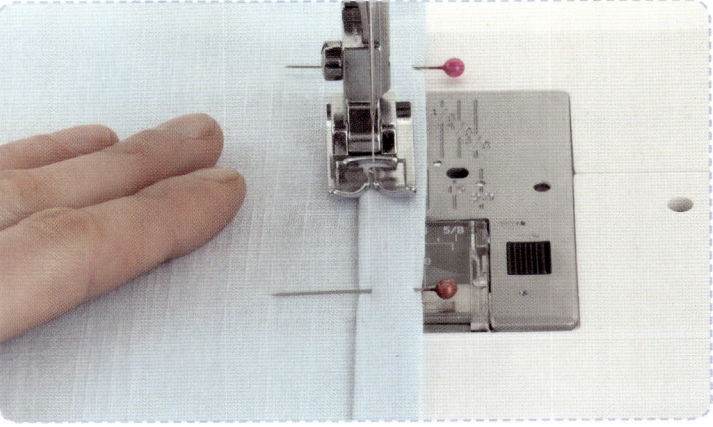

7 **Wenn die Tiere aufgesteppt sind,** können die Heftfäden entfernt werden. Schwarzes Stickgarn in die Sticknadel einfädeln und damit die Augen aufsticken. Die Nasenlöcher der Giraffe werden mit gelblichem Garn aufgestickt.

8 **Eine lange Kante** jedes Rückseiten-Teils zweimal 1 cm breit nach links umschlagen und feststecken. Ober- und Unterfaden in passender Farbe einfädeln und auf der Nähmaschine einen mittleren Geradstich einstellen. Den Saum knappkantig feststeppen. Die Stecknadeln herausziehen. Dann aus Volumenvlies und weißem Baumwollstoff je ein Quadrat von 42 × 42 cm zuschneiden.

Volumenvlies liegt zwischen weißem Stoff und Kissen-Vorderseite.

9 **Den weißen Baumwollstoff** auf die Arbeitsfläche legen. Darauf Volumenvlies und zuoberst das
Kissenvorderteil – rechte Stoffseite oben – legen. Ein
Rückenteil darauflegen, die ungesäumte Kante an
der Unterkante des Kissens ausrichten. Das zweite
Rückenteil darauflegen, die ungesäumte Kante an
der Oberkante des Kissens ausgerichtet. In der Mitte
überlappen die Rückenteile einander. Alle Stofflagen
entlang der äußeren Kanten zusammenstecken.

Ecken schräg abschneiden.

10 **Den Kissenbezug** ringsherum mit 1 cm Nahtzugabe zusammensteppen. Die Nahtzugaben an den
Ecken schräg abschneiden, aber nicht in die Naht
schneiden. Den Kissenbezug auf rechts wenden
und bei Bedarf nochmals bügeln. Das Inlett durch
die hintere Öffnung hineinschieben.

TIPP

*Die glänzende Seite des Bügelvlieses nicht mit dem Bügeleisen berühren!
Sie klebt sonst an der Bügeleisensohle fest.*

Gerahmter Handabdruck

Kleine Hände werden so schnell groß! Wenn Ihr Baby älter als vier Monate ist, spielt es bei diesem Projekt mit. Jüngere Babys schließen die Hände, wenn man sie berührt – das macht es schwierig, einen klaren Handabdruck zu bekommen.

MATERIAL ❀ Pinsel ❀ ungiftige, wasserlösliche Farbe in einem Ton Ihrer Wahl
❀ Aquarellpapier ❀ Lineal ❀ Cutter ❀ Schneidematte ❀ Schere
❀ gemusterter Stoff, 33 × 33 cm (oder passend für Ihren Rahmen) ❀ Malerkrepp
❀ doppelseitiges Klebeband ❀ Bilderrahmen, 25 × 25 cm (oder Format Ihrer Wahl)

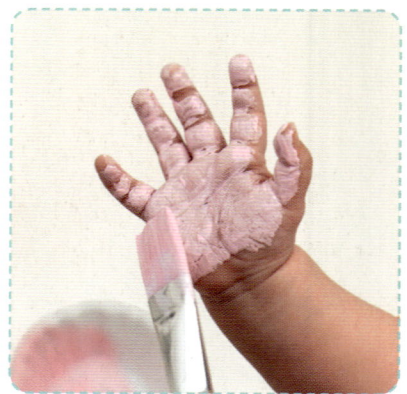

1 **Mit einem Pinsel** Farbe auf die Hand des Babys auftragen, dann die Hand behutsam auf Aquarellpapier drücken. Bei Bedarf wiederholen, bis Sie einen klaren Abdruck haben. Die Farbe von der Hand abwaschen und den Abdruck trocknen lassen.

2 **Das Aquarellpapier** mit Lineal und Cutter auf einer Schneidematte so zuschneiden, dass der Handabdruck mittig liegt und ringsherum ein weißer Rand von etwa 2,5 cm Breite bleibt. Das Papier muss ringsherum etwa 5 cm kleiner sein als der Rahmen. Als Hintergrund wird Stoff verwendet.

3 **Die Rückenplatte** des Rahmens auf den Stoff legen und den Stoff mit etwa 2,5 cm Zugabe an allen Seiten zuschneiden. Diese Zugabe um die Kante der Rückenplatte falten und mit Malerkrepp festkleben.

4 Den Handabdruck
mit doppelseitigem
Klebeband mittig
auf dem gemuster-
ten Stoff befestigen,
dann das fertige
Bild in den Rahmen
einlegen.

Nachthimmel-Mobile

Ein Mobile gehört in jedes Kinderzimmer, denn Babys schauen den schwebenden Figuren gern zu. Sterne, Wolken und der freundlich lächelnde Mond aus Filz sind schnell genäht. Ein Mobile ist aber kein Spielzeug. Hängen Sie es sicherheitshalber außer Reichweite des Kindes auf.

MATERIAL ✿ Transparentpapier ✿ Bleistift oder Filzstift ✿ Schere ✿ Stecknadeln
✿ 30,5 × 43 cm gelber Filz ✿ 38 x 43 cm weißer Filz ✿ Sticknadel mit Spitze
✿ Stickgarn in Gelb, Weiß und Grau ✿ Füllwatte
✿ Mobile-Ring oder bemalter Stab zum Aufhängen der Formen

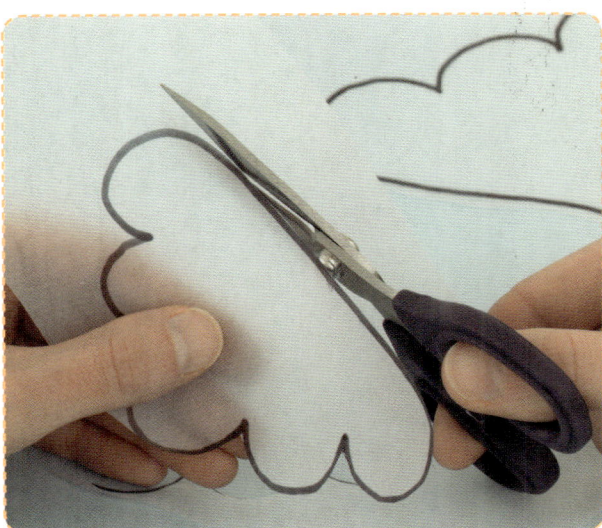

1 **Die Vorlagen** von Seite 234 auf Transparentpapier durchpausen und ausschneiden. Das sind Ihre Schnittmuster.

2 **Die Schnittmuster** auf den Filz stecken und ausschneiden. Sie brauchen acht gelbe Sterne, zwei weiße Monde, sechs kleine weiße Wolken und zwei große weiße Wolken.

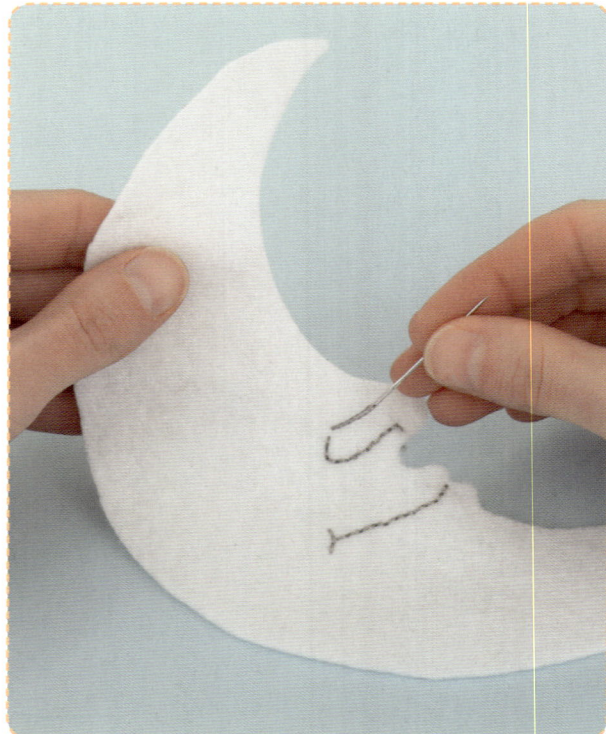

4 **Die Filzteile** paarweise zusammenstecken. Sie haben einen Mond mit einem Gesicht auf jeder Seite, vier Sterne, drei kleine Wolken und eine große Wolke.

3 **Das Gesicht des Mondes** von der Vorlage auf Seite 234 auf ein Filzteil übertragen und mit grauem Garn aufsticken. Auf das andere Filzteil ein spiegelbildliches Gesicht sticken. Beim Zusammennähen werden diese beiden spiegelbildlichen Hälften zusammengesetzt.

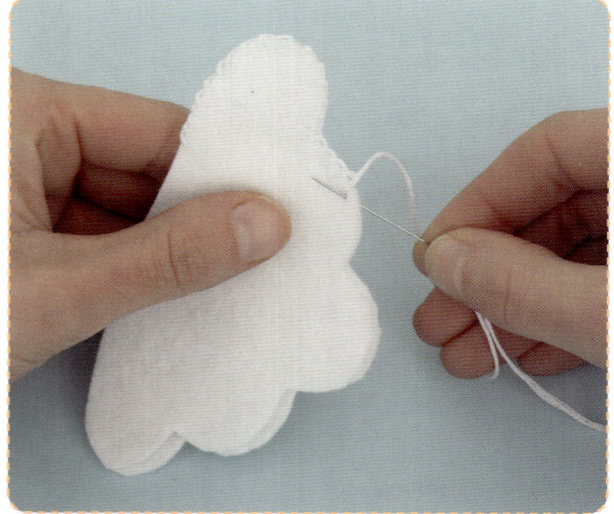

5 **Die Kanten** der Formen mit passendem Stickgarn im Langettenstich (siehe Seite 224) zusammennähen, aber jeweils an der Unterkante eine 2,5 cm große Öffnung zum Ausstopfen lassen. Die Stecknadeln entfernen.

Füllwatte durch die Öffnung schieben.

6 **Etwas Füllwatte** in jede Form stopfen und mit dem Ende eines Bleistifts bis in die Ecken schieben. Die Öffnung mit Langettenstichen zunähen.

7 **Einen langen Faden** weißes Stickgarn mit einem Knoten in einem Ende durch die Oberkante jeder Form ziehen. An diesem Faden wird die Form aufgehängt.

TIPP
Den Knoten zwischen den Filzlagen verstecken.

8 **Die Formen** um den Mobile-Ring legen und sorgfältig festbinden. Mobile-Ringe mit vorgebohrten Löchern gibt es im Bastel-Fachhandel zu kaufen. Sie können die Formen aber auch an einen bemalten Zweig hängen. Das fertige Mobile mit Garn oder Band außer Reichweite des Babys aufhängen.

Bunter Patchwork-Quilt

Ein selbst gemachter Quilt ist ein wertvoller Schatz, der Ihr Kind über das Babyalter hinaus begleiten wird. Damit alle Teile genau zusammenpassen, müssen Sie sehr akkurat zuschneiden. Sofern nichts anderes angegeben ist, beträgt die Nahtzugabe 5 mm.

MATERIAL ✿ genügend farblich abgestimmte Stoffe zum Zuschneiden von 30 Quadraten mit je 20 × 20 cm Kantenlänge ✿ Lineal ✿ Bleistift ✿ Schere oder Rollschneider ✿ Schneidematte (nach Belieben) ✿ Stecknadeln ✿ Nähmaschine ✿ passendes Nähgarn ✿ Bügeleisen ✿ 93 × 110 cm waschmaschinenfestes Volumenvlies ✿ Sicherheitsnadeln ✿ 93 × 110 cm passender Stoff für die Rückseite ✿ Nähnadel ✿ Garn in Kontrastfarbe ✿ Quilt- oder Stopffuß für die Nähmaschine ✿ 4 m gefalztes Schrägband, 2 cm breit

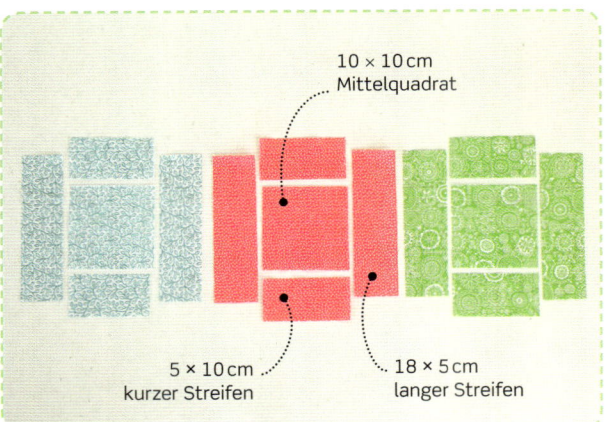

10 × 10 cm
Mittelquadrat

5 × 10 cm
kurzer Streifen

18 × 5 cm
langer Streifen

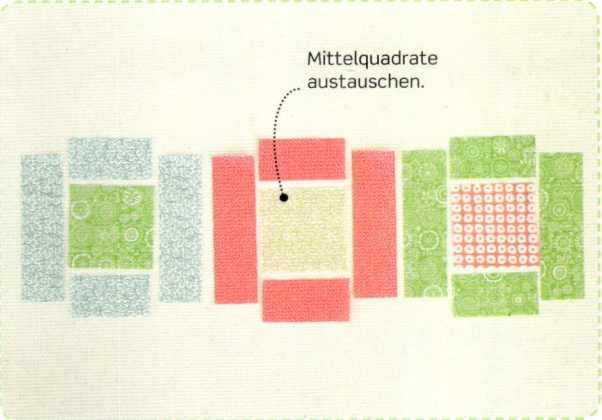

Mittelquadrate
austauschen.

1 Mit der Schere oder mit Rollschneider und Schneidematte aus jedem 20 × 20 cm großen Quadrat fünf Stücke zuschneiden: ein Mittelquadrat von 10 × 10 cm, zwei kurze Streifen von 5 × 10 cm und zwei lange Streifen von 18 × 5 cm.

2 Die Mittelquadrate austauschen, sodass jedes Quadrat des Quilts einzigartig ist. Alle 30 Quadrate in fünf Sechserreihen auslegen, um ihre Anordnung zu planen und einen Eindruck des fertigen Quilts zu bekommen.

3 **Einen kurzen Streifen** rechts auf rechts an eine Seite des Mittelquadrats stecken, dabei die Kanten genau aufeinander ausrichten. Die beiden Teile mit geradem Steppstich zusammennähen.

4 **Den anderen kurzen Streifen** ebenso an die gegen-überliegende Kante des Mittelquadrats nähen. An alle 30 Mittelquadrate die beiden kurzen Streifen nähen (Schritt 3 und 4 wiederholen).

5 **Alle 30 Teile** von links bügeln. Dabei die Nahtzu-gaben auseinanderbügeln.

6 **Einen langen Streifen** rechts auf rechts an das zugehörige Mittelquadrat stecken und feststeppen. Den anderen langen Streifen festnähen. Ebenso alle langen Streifen an die 30 Quadrate nähen. Die Naht-zugaben von links auseinanderbügeln.

7 **Zwei Quadrate** rechts auf rechts kantengenau zusammenstecken und -steppen. Die weiteren Quadrate der ersten Reihe des Quilts ebenso annähen, dabei die Quadrate nicht verdrehen. Jeweils sechs Quadrate zu einem langen Streifen zusammennähen.

8 **Die Nahtzugaben** von links auseinanderbügeln. Zwei Streifen rechts auf rechts zusammenstecken, dabei die Quernähte aufeinander ausrichten. Die Streifen zusammennähen. Die weiteren Streifen ebenso festnähen. Die Nahtzugaben auseinanderbügeln.

9 **Die Quiltoberseite** (rechte Seite oben) auf das Volumenvlies legen, sodass das Vlies ringsherum ca. 3,5 cm übersteht (Vlies kürzen, falls zu groß). Den Stoff für die Rückseite (linke Seite oben) ausbreiten, Vlies und Quiltoberseite darauflegen und exakt gerade ausrichten. Alle Lagen mit Sicherheitsnadeln zusammenstecken. Den Rückseitenstoff so groß wie das Vlies zuschneiden.

10 **Alle Lagen** mit kontrastfarbigem Garn zusammenheften. Dabei dürfen sich die Lagen nicht aufeinander verschieben oder Wellen schlagen.

11 **Den Quiltfuß** oder Stopffuß in die Nähmaschine einsetzen. In einer Ecke beginnen und alle drei Lagen in einem beliebigen Muster zusammen-steppen. Die Quiltoberseite zeigt dabei nach oben. In gleichmäßigem Tempo steppen und den Quilt beim Führen gut festhalten. Wenn die ganze Fläche gesteppt ist, die Heftfäden vorsichtig entfernen. Vlies und Rückseitenstoff auf die Größe der Quilt-oberseite zurückschneiden.

12 **Das Schrägband** rechts auf rechts an den Quilt stecken, dabei in der Mitte einer Kante beginnen. Mit 1 cm Nahtzugabe feststeppen. An den Ecken folgendermaßen verfahren: Den Nähmaschi-nenfuß anheben und den Quilt etwas zur Seite schieben, sodass er nicht mehr unter dem Fuß liegt. Den Faden dabei nicht abtrennen. Das Band im 45-Grad-Winkel schräg nach rechts falten – es bildet nun an der Ecke eine Diagonale. Dann wieder nach links umfalten, sodass die Kante des Schrägbands und die folgende Quiltkante rechts auf rechts übereinanderliegen. Ecke feststecken, Quilt drehen, wieder unter den Fuß schieben und die nächste Seite mit 1 cm Nahtzugabe steppen. Mit den anderen Kanten ebenso verfahren. Die unversäuberte

13 **Das Schrägband** zur Rückseite des Quilts umfal-ten, seine Kante 5 mm nach links einschlagen und von Hand mit kleinen, unauffälligen Stichen festnähen. Sie können das Schrägband auch mit der Maschine feststeppen. Dazu die eingeschlagene Kante feststecken und von rechts exakt auf der Linie der Naht, mit der es in Schritt 12 festgenäht wurde, steppen.

Schmalkante des Schrägbands nach links umschlagen und von Hand säumen, dann erst das letzte Stück des Schrägbands feststeppen.

Knopf-Kaninchen

So ein buntes Knopfbild ist ein hübscher Blickfang. Ein ganz besonderes Stück wird es, wenn Sie dafür Knöpfe von Kleidungsstücken benutzen, aus denen Ihr Baby herausgewachsen ist.

MATERIAL ✿ Cutter ✿ Lineal ✿ dicke Pappe ✿ Transparentpapier ✿ Filzstift oder Bleistift
✿ Schere ✿ Heißklebepistole und Munition ✿ verschiedene Knöpfe, Pailletten und Perlen
✿ Kastenrahmen 22,5 × 22,5 cm (oder Format Ihrer Wahl)

Heißklebe-
pistole

1 **Mit Cutter und Lineal** die Pappe auf die Größe des Rahmens zuschneiden. Die Vorlage für das Kaninchen von Seite 233 mit Filzstift oder Bleistift auf Transparentpapier durchpausen und mit einer Schere ausschneiden. Sie können auch selbst ein Motiv entwerfen, das zur Einrichtung Ihres Kinderzimmers passt.

2 **Die Vorlage mittig** auf die Pappe legen und den Umriss des Kaninchens sorgfältig und dünn mit Bleistift übertragen.

3 **Einen Knopf,** eine Perle oder Paillette auf der Rückseite mit etwas Heißkleber bestreichen und innerhalb der vorgezeichneten Kontur auf die Pappe kleben. Zuerst entlang der Konturen größere Knöpfe, Pailletten oder Perlen aufkleben und dabei die Bleistiftlinie gut abdecken.

4 **Wenn das Motiv** ausgefüllt ist, mit mittelgroßen Knöpfen, Perlen oder Pailletten die Lücken zwischen den größeren schließen. Falls danach noch Lücken sichtbar sind, werden diese mit den kleinsten Knöpfen, Perlen oder Pailletten abgedeckt. Zum Schluss rahmen Sie Ihr Kunstwerk ein.

Blütenblätter-Spielmatte

siehe Seite 52-55

Verzierte Kleiderbügel

Lieblingskleidung wie das Outfit, das Ihr Baby auf dem Heimweg aus der Klinik trug, sind zu schade, um sie im Schrank zu verstecken. Auf diesen niedlichen Bügeln werden solche Stücke zum bezaubernden Wandschmuck, wenn Papier und Band auf die Farben des Kinderzimmers abgestimmt sind.

MATERIAL ❀ weiß lackierte Baby-Kleiderbügel aus Holz ❀ Transparentpapier ❀ ablösbare Klebepunkte ❀ Bleistift ❀ Schere ❀ Malerkrepp ❀ gemustertes, stabiles Papier ❀ weicher Pinsel ❀ Découpage-Kleber oder verdünnter PVA-Leim (Konsistenz wie flüssige Sahne) ❀ Saphir-Nagelfeile oder feines Schleifpapier ❀ Klarlack, matt oder glänzend ❀ farblich passendes Band (nach Belieben)

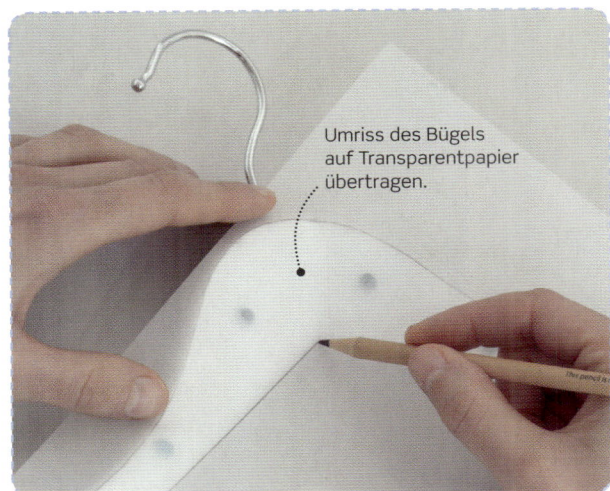

Umriss des Bügels auf Transparentpapier übertragen.

1 **Transparentpapier** mit Klebepunkten auf der Vorderseite eines Bügels befestigen. Den Umriss des Bügels durchzeichnen, dann ausschneiden. Dies ist die Schablone.

2 **Die Schablone** auf den Bügel legen, um zu prüfen, ob sie exakt passt. Bei Bedarf die Form korrigieren. Die fertige Schablone mit Malerkrepp auf der rechten Seite des gemusterten Papiers fixieren und den Umriss dünn mit Bleistift nachzeichnen.

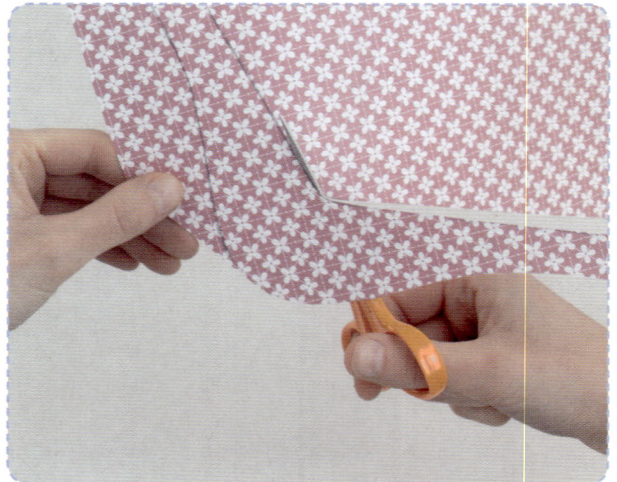

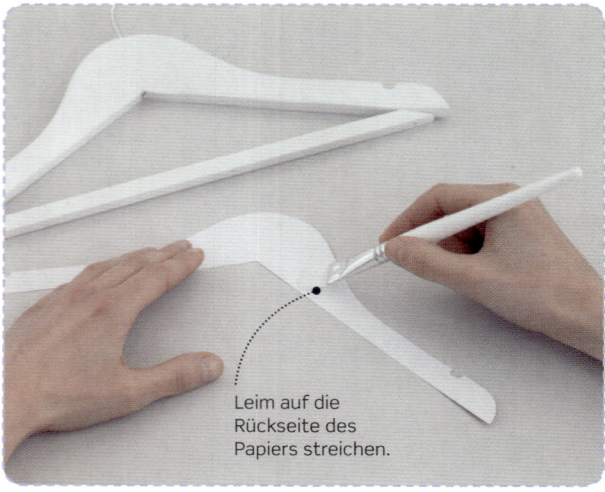

Leim auf die
Rückseite des
Papiers streichen.

3 **Die Schablone** vom gemusterten Papier abnehmen, dann die Form sorgfältig mit der Schere ausschneiden.

4 **Mit einem weichen Pinsel** Découpage-Kleber oder verdünnten PVA-Leim auf die Vorderseite des Bügels und die Rückseite des gemusterten Papiers auftragen. Beide Flächen müssen lückenlos bedeckt sein.

Papier auf den
Bügel kleben.

5 **Das Papier akkurat auf die Vorderseite** des Bügels legen. Luftblasen herausstreichen, dann das Papier mit einer Schicht Leim überstreichen. Trocknen lassen. Die untere Stange bekleben. Wer möchte, beklebt auch die Rückseite (Schritt 1–5 wiederholen).

6 **Mit einer Nagelfeile oder Schleifpapier** die Kanten des Papiers abschleifen, bis sie nicht mehr zu tasten sind. Schleifpapier oder Feile auf und ab führen. Es macht nichts, wenn Sie dabei etwas Papier und Farbe abschleifen: Vintage ist trendy!

7 **Das Papier** mit einer weiteren Schicht Leim versiegeln. An den Kanten besonders sorgfältig arbeiten, damit sie sich nicht vom Bügel lösen.

8 **Um das Papier zu schützen** und die Oberfläche zu veredeln, noch einige Schichten matten oder glänzenden Klarlack auftragen. Jede gut trocknen lassen, bevor die nächste folgt.

9 **Zum Schluss eine Schleife** aus farblich passendem Band um den Haken des Bügels binden und die Enden auf gleiche Länge schneiden.

TIPP *Flache Bügel sind einfacher zu bekleben als gewölbte.*

Schäfchen-Decke

In Gesellschaft der niedlichen Schafe schläft Ihr Baby bestimmt gut, auch wenn es noch nicht zählen kann. Sie können die Schafe wie auf der Vorlage anordnen oder ein eigenes Design entwerfen.

MATERIAL ❀ Transparentpapier ❀ Bleistift ❀ Schere ❀ Bügeleisen ❀ Stecknadeln
❀ Reste von Baumwollstoffen in Weiß, Creme, Beige und Grün, groß genug für die Schablonen
❀ 30 × 30 cm Volumenvlies zum Wattieren der Schafe ❀ Nähmaschine mit Zickzackstich ❀ Nähgarn in Creme,
Braun und Grün ❀ 1 Fleece-Babydecke, mindestens 155 cm breit, Farbe nach Wahl ❀ Nähnadel
❀ kontrastfarbiges Garn zum Heften ❀ schwarzes Stickgarn ❀ Sticknadel

1 **Die Vorlagen** von Seite 229 mit Bleistift auf das Transparentpapier durchpausen und sorgfältig ausschneiden.

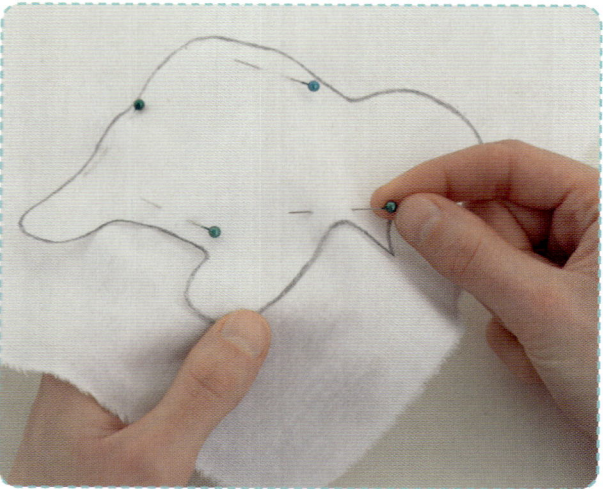

2 **Die Stoffe bügeln.** Die Schablonen auf die linke Stoffseite stecken. Hier schauen einige Schafe nach links und andere nach rechts. Um die Blickrichtung zu ändern, drehen Sie einfach einige Schablonen um.

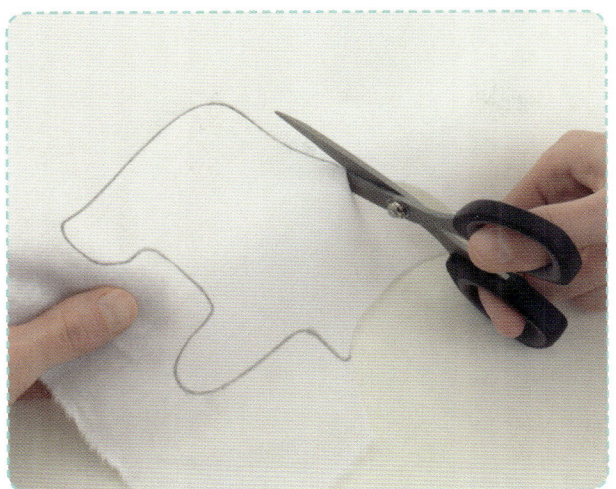

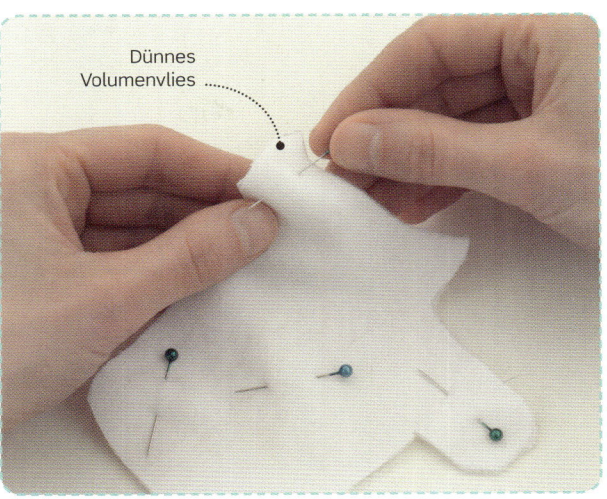

Dünnes Volumenvlies

3 **Die Umrisse der Schablonen** mit Bleistift auf der linken Stoffseite nachzeichnen. Die Stecknadeln entfernen und die Schablonen abnehmen, dann die Schafe aus den Stoffen ausschneiden.

4 **Aus Volumenvlies** ebenso Schafe zuschneiden. Auf die Rückseite jedes Stoffteils ein Vliesteil stecken. Wenn Ihnen das zu schwierig ist, schneiden Sie das Vlies ringsherum etwas größer zu.

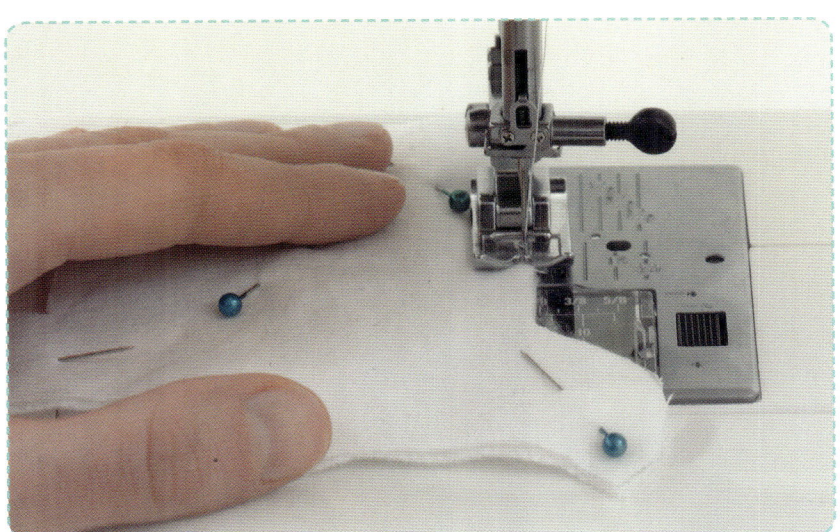

5 **Ober- und Untergarn** in einer Farbe, die zum Stoff passt, einfädeln. Stoff-schaf und Vlies mit Geradstich dicht neben der Stoffkante ringsherum zusammennähen. Die Stecknadeln entfernen. Falls Sie das Vlies etwas größer zugeschnitten hatten, schneiden Sie nun die Ränder exakt ab.

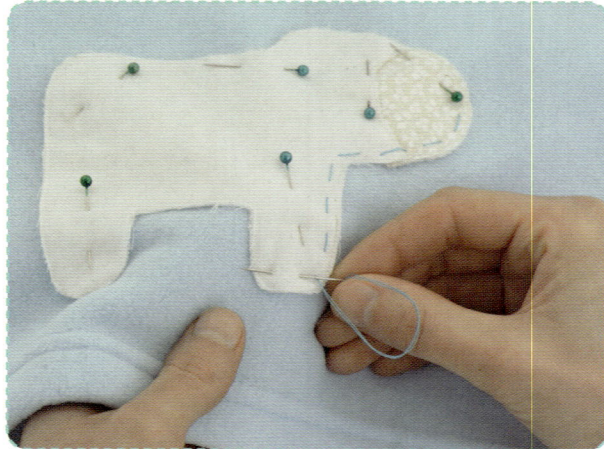

6 **Die Stoffteile** auf der Decke anordnen. Dabei können Sie sich an der Vorlage auf Seite 229 orientieren. Die Schafe auf die Decke stecken. Die Ränder der Gesichter ein kleines Stück unter den Körper schieben. Die Ohren vorerst beiseitelegen. Schafe und Gesichter mit kontrastfarbigem Garn auf die Decke heften. Die Stecknadeln entfernen.

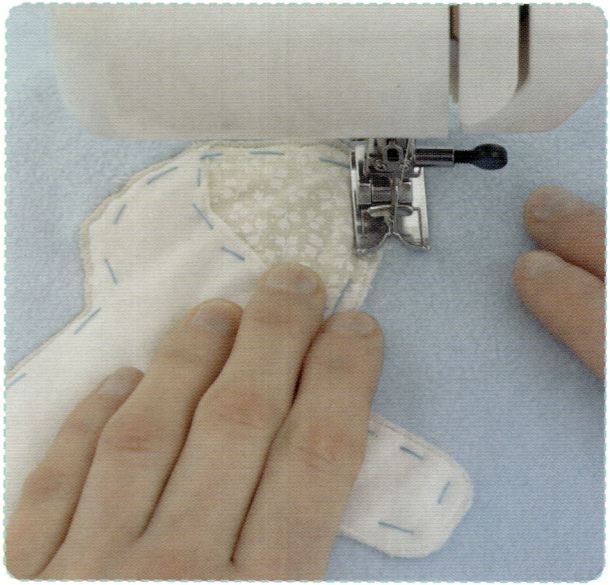

7 **Garn in der Farbe des ersten Schafs** in die Maschine einfädeln. Einen breiten, aber sehr engen Zickzackstich einstellen und alle Teile, zu denen diese Garnfarbe passt, ringsherum feststeppen. Wenn Körper und Gesicht fertig sind, das Ohr festheften und aufnähen. Dann die nächste Garnfarbe einfädeln und alle Teile aufnähen, zu denen sie passt. Fortfahren, bis alle Teile mit passendem Garn appliziert sind.

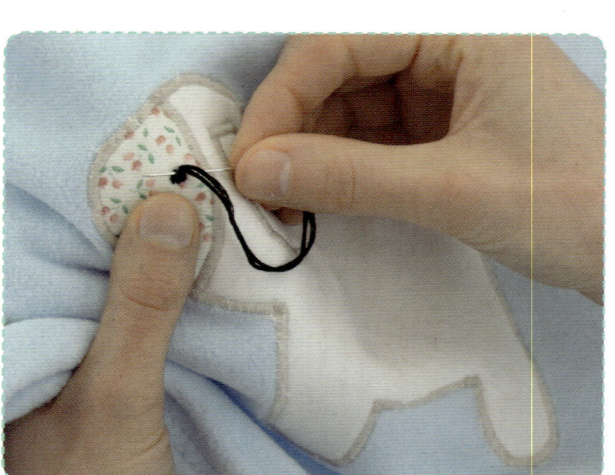

8 **Alle losen Fadenenden** abschneiden und die Heftfäden herausziehen. Schwarzes Stickgarn in eine Sticknadel fädeln und jedem Schaf mit einigen Stichen ein Auge aufsticken.

Bunte Wimpelkette

Wimpel sind ein hübscher Schmuck fürs Babyzimmer und eine fröhliche Dekoration für ein Fest – vielleicht den ersten Geburtstag? Sie sollten aber nicht in Reichweite eines Kleinkinds hängen. Diese Wimpelkette ist ca. drei Meter lang.

MATERIAL ✿ Transparentpapier ✿ Bleistift ✿ Schere ✿ verschiedene Stoffreste für 26 Wimpel, je 17 × 22 cm ✿ Stecknadeln ✿ Nähmaschine ✿ weißes Nähgarn ✿ Zackenschere ✿ 3,1 m gefalztes Schrägband, 2 cm breit, Farbe nach eigener Wahl ✿ Nähgarn in der Farbe des Schrägbands

Links auf links

1 **Die Vorlage für den Wimpel** von Seite 237 auf Transparentpapier durchpausen und sauber ausschneiden.

2 **Die Vorlage** auf den Stoff stecken. Größere Muster müssen mittig und gerade sitzen. Den Wimpel ausschneiden. Insgesamt 26 Wimpel aus verschiedenen Stoffen zuschneiden.

3 **Zwei Wimpel** aus verschiedenen Stoffen links auf links kantengenau aufeinanderstecken. Sie erhalten so insgesamt 13 Wimpel mit zwei unterschiedlichen Seiten.

4 **Weißes Nähgarn** als Ober- und Unterfaden in die Maschine einfädeln. Alle 13 Wimpel an ihren beiden langen Seiten mit 1 cm Nahtzugabe zusammensteppen.

5 **Die Stoffkanten** mit einer Zackenschere knappkantig abschneiden, dabei nicht die Naht beschädigen. Die Wimpel nebeneinander aufreihen und darauf achten, dass gleiche Farben oder Muster möglichst nicht in direkter Nachbarschaft liegen.

6 **Das Schrägband zur Hälfte falten.** In 7,5 cm Abstand zu einem Ende den ersten Wimpel zwischen die Lagen des Schrägbandes legen, bis an den Falz des Schrägbandes schieben und feststecken. Den zweiten Wimpel mit 5 cm Abstand zum ersten ebenso feststecken. Die restlichen Wimpel jeweils in Abständen von 5 cm befestigen.

7 **Das andere Ende** des Schrägbandes 7,5 cm nach dem letzten Wimpel abschneiden. Als Ober- und Unterfaden Nähgarn in der Farbe des Schrägbandes einfädeln. Das Schrägband von einem Ende zum anderen knappkantig zusammensteppen. Dabei werden die Wimpel mitgefasst. Beim Nähen die Stecknadeln entfernen.

Badespaß Pinguin-Paar

Mit den flauschigen Pinguinen macht das Baden doppelt Spaß. Verwenden Sie für die Figur unbedingt eine waschmaschinenfeste Füllung, damit es kein Drama ist, wenn der Kleine mit in die Wanne springt.

MATERIAL ✿ Transparentpapier ✿ Bleistift ✿ Schere ✿ 1 Dusch- oder Badetuch, mindestens 70 × 110 cm ✿ 2 weiße Waschlappen, je mindestens 30 × 30 cm ✿ 1 Waschlappen in Creme oder Hellgelb, mindestens 30 × 30 cm ✿ Stoffreste in Schwarz oder Marine für die Augen ✿ Stecknadeln ✿ Nähmaschine mit Zickzackstich ✿ weißes Nähgarn ✿ leuchtend blaues Nähgarn ✿ 4 m gefalztes Schrägband, 2 cm breit ✿ Nähgarn in der Farbe des Badetuchs ✿ Nähgarn in Creme oder Hellgelb ✿ kleiner Teller oder Schüssel ✿ Schneiderkreide ✿ waschmaschinenfeste Füllwatte ✿ Nähnadel

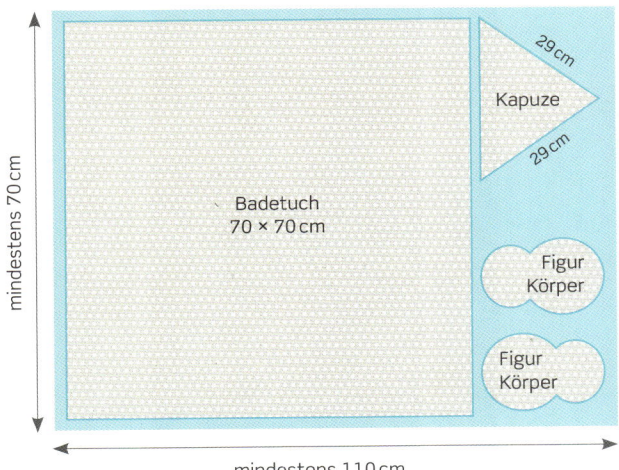

1 **Die Vorlagen** von Seite 232 durchpausen und ausschneiden. Das Badetuch ausbreiten, die Vorlagen darauflegen (siehe oben) und zuschneiden.

2 **Das Gesicht** bzw. Gesicht mit Bauch der Pinguine aus weißen Waschlappen und die Schnabelteile aus hellgelben oder cremeweißen Waschlappen zuschneiden. Für die Augen je zwei Kreise (3 cm bzw. 2 cm) aus schwarzem oder dunkelblauem Stoff zuschneiden.

Badespaß Pinguin-Badetuch

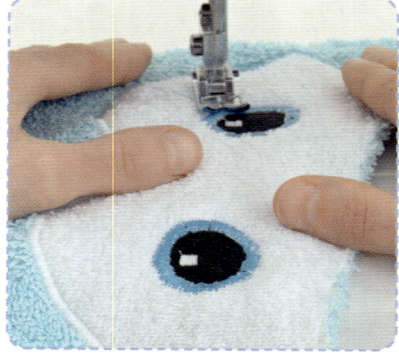

1 **Mit dem Badetuch beginnen.** Das Gesicht und die größeren Augen auf die Kapuze legen und feststecken. Mit weißem Garn und Geradstich alle drei Teile ringsherum aufsteppen. Die Stecknadeln entfernen.

2 **Nun einen breiten,** aber sehr engen Zickzackstich einstellen. Mit weißem Garn das Gesicht applizieren und in jedes Auge einen Lichtpunkt setzen. Die Augen selbst werden mit leuchtend blauem Garn appliziert

3 **Ein Stück Schrägband** in der Länge der Unterkante der Kapuze zuschneiden, rechts auf rechts feststecken und mit 1 cm Nahtzugabe mit der Maschine feststeppen. Alle Stecknadeln entfernen.

Schrägstreifen einschlagen und knappkantig feststeppen.

4 **Das Schrägband** zur Rückseite der Kapuze umfalten, die Kante einschlagen und feststecken. Knappkantig feststeppen, dann die Stecknadeln herausziehen.

5 **Die Schnabelteile** aufeinanderlegen und mit passendem Garn an beiden Seiten mit 1 cm Nahtzugabe zusammensteppen. Die Oberkante bleibt offen. Auf rechts wenden.

6 **Den Schnabel** über dem Schrägband auf das Gesicht stecken. Seine Oberkante mit passendem Garn und Geradstich aufsteppen. Die Stecknadeln entfernen. Wieder einen breiten, engen Zickzackstich einstellen und die Oberkante damit nachsteppen – eventuell zweimal, falls die Stiche beim ersten Durchgang nicht dicht genug ausfallen.

7 **Die Kapuze** auf eine Ecke des quadratischen Badetuchs legen und an den beiden Außenkanten feststecken.

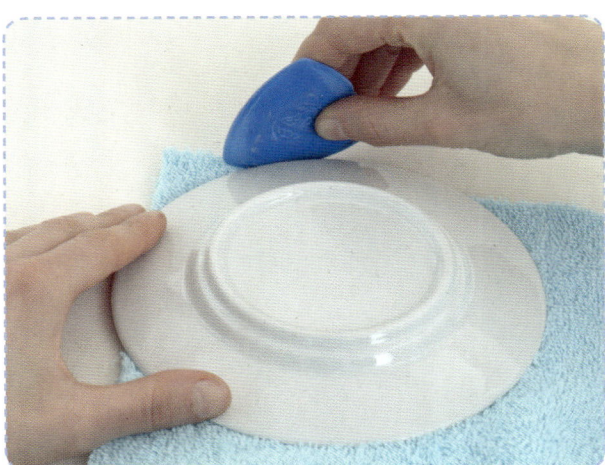

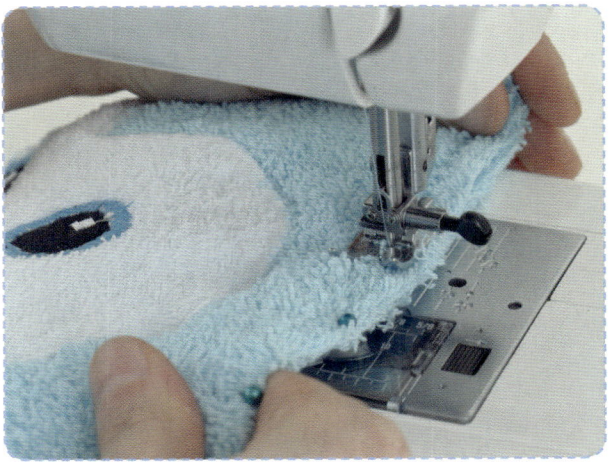

8 **Einen kleinen Teller** oder eine Schüssel zu Hilfe nehmen und mit Schneiderkreide alle vier Ecken des Badetuchs abrunden – auch die Ecke der Kapuze. Die Rundungen sollen überall gleich ausfallen. Die Kapuze neu feststecken, dann den Stoff an den Rundungen abschneiden.

9 **Ober- und Unterfaden** in der Farbe des Badetuchs einfädeln und Geradstich einstellen. Die Außenkanten der Kapuze aufs Badetuch nähen. Alle Stecknadeln entfernen. Das Tuch ringsherum mit Schrägband einfassen (siehe Schritt 4 und 5).

Badespaß Pinguin-Figur

1 **Für die Pinguin-Figur** das weiße Gesicht mit Bauch mittig auf ein Teil für den Körper der Figur legen und feststecken. Die kleineren Augen und den Schnabel darauf feststecken.

2 **Mit Geradstich** Gesicht und Bauch, Augen und Schnabel ringsherum feststeppen, um die Teile zu fixieren. Dann alle Stecknadeln entfernen.

3 **Einen breiten,** aber sehr engen Zickzackstich einstellen. Ober- und Untergarn in Weiß einfädeln. Gesicht und Bauch aufsteppen, in jedes Auge einen Lichtpunkt setzen. Die Augen ringsum mit leuchtend blauem Garn aufsteppen. Zum Schluss den Schnabel mit Cremeweiß oder Hellgelb applizieren.

4 **Beide Körper-Teile** rechts auf rechts aufeinander-legen und stecken. Passendes Ober- und Untergarn einfädeln, Geradstich in mittlerer Größe einstellen und die Teile mit 1 cm Nahtzugabe zusammennähen. Unten eine 5 cm lange Öffnung lassen.

5 **Die Nahtzugaben einknipsen,** damit sie sich nach dem Wenden nicht wulstig abzeichnen.

6 **Die Figur auf rechts wenden** und fest mit Füllwatte ausstopfen. Die untere Öffnung von Hand mit passendem Garn zunähen.

Bunter Patchwork-Quilt siehe Seite 22–27

Blütenblätter-Spielmatte

Auf der weichen Matte lässt es sich prima spielen und die bunten Stoffe regen den kleinen Geist an. Waschen Sie die Stoffe vor dem Zuschneiden, damit sie später nicht mehr einlaufen können.

MATERIAL ✿ Transparentpapier ✿ Bleistift ✿ Schere ✿ Stecknadeln ✿ 14 Stoffreste für die Blütenblätter, jeder mindestens 20 × 38 cm groß ✿ 2 Stücke Stoff mit verschiedenen Mustern, je 70 × 70 cm ✿ Lineal, mindestens 33 cm lang ✿ Schneiderkreide ✿ Nähmaschine ✿ passendes Nähgarn ✿ Zackenschere ✿ Bügeleisen ✿ waschmaschinenfeste Füllwatte ✿ bis zu 14 waschbare kleine Spielzeuge, die Geräusche machen (Glöckchen, Rasseln, Quietschkissen), raschelndes Zellophan (nach Belieben) ✿ 2 Stücke Volumenvlies, je 70 × 70 cm ✿ Nähnadel

Mitte des Stoffs markieren.

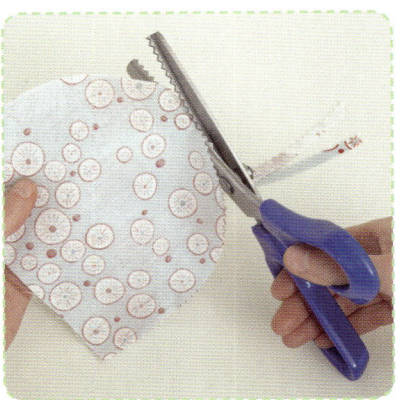

1 Die Vorlage für das Blütenblatt von Seite 233 auf Transparentpapier durchpausen und ausschneiden. Die Schablone auf ein Stück Stoff stecken und die Form zuschneiden. Aus jedem der 14 Stoffreste zwei Blütenblätter zuschneiden.

2 Aus einem Stück Hauptstoff einen Kreis mit 64 cm Durchmesser schneiden. Dazu die Mitte des Stoffs auf der linken Seite markieren. Einen Punkt in 32 cm Abstand zur Mitte anzeichnen. Im Uhrzeigersinn weitere Punkte anzeichnen, bis der Kreis geschlossen ist. Den Kreis ausschneiden. Aus dem anderen Hauptstoff einen zweiten Kreis zuschneiden.

3 Zwei Blütenblätter aus verschiedenen Stoffen rechts auf rechts aufeinanderlegen und stecken. Mit Geradstich und passendem Garn mit 1 cm Nahtzugabe entlang der Rundung zusammennähen, die gerade Kante bleibt offen. Die Nahtzugabe mit der Zackenschere auf 5 mm zurückschneiden. Alle Blütenblätter so vorbereiten.

4 **Die Blütenblätter auf rechts wenden** und bügeln. Einen Kreis mit der rechten Seite nach oben ausbreiten. Die Blütenblätter ringsherum anordnen. Gleiche Stoffe sollen nicht nebeneinanderliegen. Jedes Blütenblatt mit etwas Füllwatte ausstopfen und nach Belieben ein »Geräusch-Spielzeug« hineinstecken.

5 **Die gefüllten Blütenblätter** um den Kreis anordnen, die geraden Kanten der Blütenblätter zeigen nun nach außen und sind genau an der Kante des Kreises ausgerichtet. Die Blütenblätter in relativ engen Abständen feststecken.

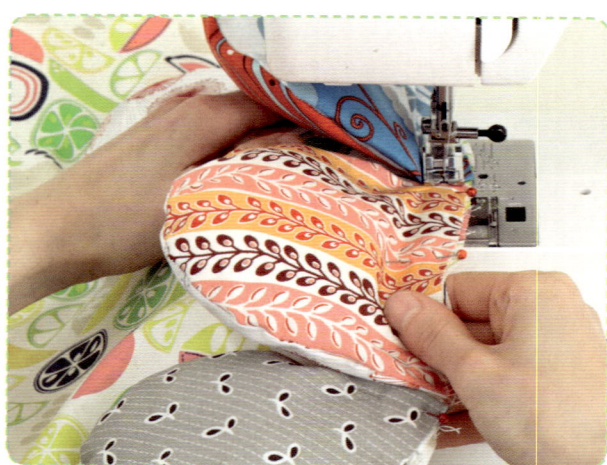

6 **Mit 1 cm Nahtzugabe** rings um den Rand des Kreises steppen, um die Blütenblätter zu fixieren. Die Stecknadeln entfernen. Die Nahtzugabe mit der Schere einknipsen, damit sie nach dem Wenden glatt liegt. Dabei aber nicht die Naht beschädigen.

7 **Den zweiten Kreis** rechts auf rechts auf die Blütenblätter legen. Ringsherum an den Kanten zusammenstecken. Die Blütenblätter liegen zwischen den Kreisen, alle Kanten liegen genau aufeinander.

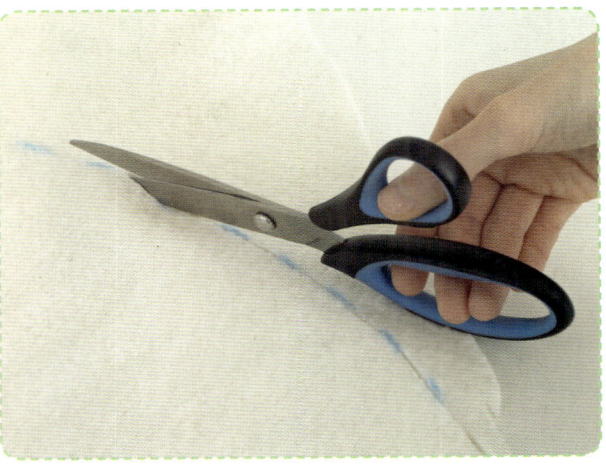

8 **Alle Stofflagen** mit 1,5 cm Nahtzugabe ringsherum zusammensteppen, aber eine Öffnung lassen, die knapp so breit wie ein Blütenblatt ist. Die zweite Naht versteckt die erste (aus Schritt 6) und fixiert die Blütenblätter besser.

9 **Die Matte durch die Öffnung** auf rechts wenden und den Durchmesser des Kreises messen. Er sollte etwa 61 cm betragen. In dieser Größe zwei Kreise aus Volumenvlies zuschneiden. Die Methode ist in Schritt 2 beschrieben.

10 **Die beiden Vlieskreise** aufeinanderlegen und durch die Öffnung in die Matte schieben. Wenn sie zu groß sind, bilden sich Fältchen, die drücken können. Sind sie zu klein, füllen sie den Kreis nicht ganz aus.

11 **Die Stoffkanten** an der Öffnung nach innen einschlagen und auf dem Blütenblatt feststecken. Die Öffnung knappkantig zusteppen. Mit Schneiderkreide in 2,5 cm Abstand zum Rand einen Kreis auf den Mittelkreis zeichnen.

12 **Auf dieser Linie** steppen, um das Vlies im Inneren zu fixieren. In der Mitte der Matte einige Stiche von Hand nähen, damit sich auch dort die Lagen nicht aufeinander verschieben können.

Kleine-Freunde-
Mobile

Hängen Sie das niedliche Mobile über den Wickeltisch, dann ist Ihr Baby beim Anziehen oder Wickeln gut beschäftigt. Achten Sie aber darauf, es außer Reichweite der kleinen Hände anzubringen. Ein Mobile ist nur zum Anschauen da.

MATERIAL ✿ Transparentpapier ✿ Bleistift oder Filzstift ✿ Schere ✿ leichter, trockener Zweig ✿ Pinsel (nach Belieben) ✿ Lackfarbe in Weiß oder einer Farbe eigener Wahl (nach Belieben) ✿ Stecknadeln ✿ Filzreste in Grau, Weiß, Beige, Rot, Blau, Schwarz, Braun, Mint und Grün ✿ kleine Stoffreste für die Kleidung ✿ Nähnadel ✿ Nähgarn in verschiedenen Farben ✿ Füllwatte ✿ Locher ✿ weißes Papier ✿ Band (nach Belieben)

1 **Die Vorlagen** der Seiten 230–231 auf das Transparentpapier durchpausen und ausschneiden. Das sind die Schnittmuster. Den Zweig zurechtschneiden, ein- oder mehrmals mit Lackfarbe streichen und trocknen lassen.

2 **Die Schnittmuster** auf die Filz- und Stoffstücke stecken und alle Teile ausschneiden. Das Foto gegenüber zeigt, welche Farben die Tiere haben.

3 **Für den Elefanten** mit kontrastfarbigem Garn auf die Elefanten-Hauptteile Augen sticken, dann mit passendem Garn die Ohren festnähen.

Öffnung zum
Ausstopfen
lassen.

4 **Die Gesichtszüge** müssen jeweils spiegelbildlich auf die beiden Teile gestickt werden, damit nach dem Zusammennähen ein vollständiges Gesicht entsteht.

5 **Die beiden Körperhälften** mit Langettenstich (siehe Seite 224) zusammennähen, aber eine kleine Öffnung zum Ausstopfen lassen.

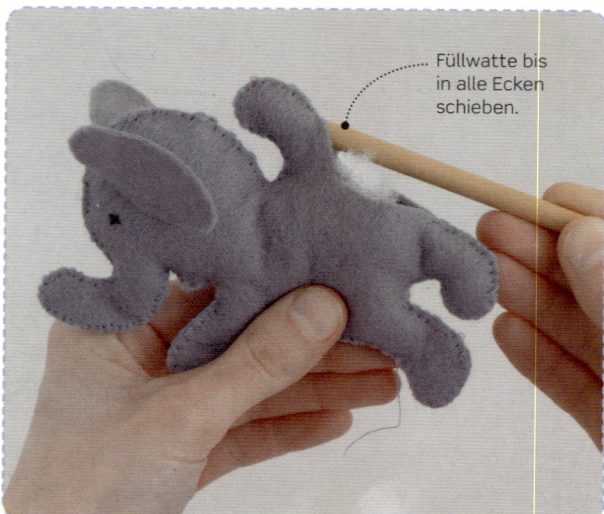

Füllwatte bis
in alle Ecken
schieben.

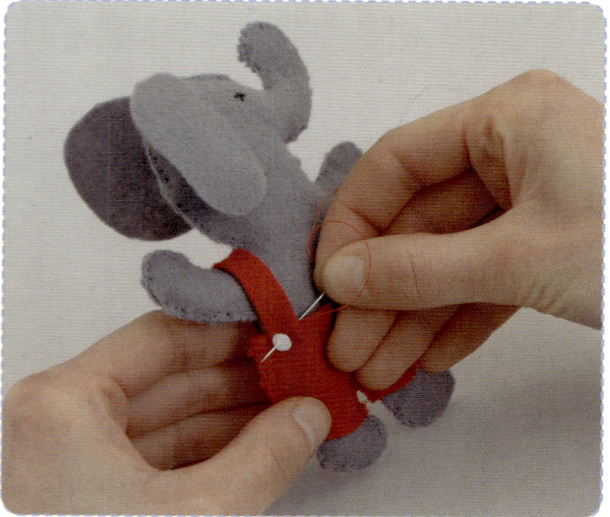

6 **Das Tier** locker mit der Füllwatte ausstopfen. Die Watte vorsichtig mit dem Ende eines Bleistifts bis in enge Ecken und Winkel schieben. Danach die Öffnung im Langettenstich zunähen.

7 **Die Hose** an den Seiten und im Schritt zusammennähen und dem Elefanten anziehen. Die Träger vorn und hinten annähen. Kleine, mit dem Locher ausgestanzte Papierkreise als Knöpfe aufnähen. Die Anleitungen für die anderen Tiere finden Sie im Kasten gegenüber.

8 **Am Kopf jedes Tiers** eine Schlaufe aus weißem Nähgarn befestigen. Die Schlaufen sollten unterschiedlich lang sein, damit die Tiere in verschiedenen Höhen am Zweig hängen.

9 **Wenn der Zweig** trocken ist, die Tiere so anbringen, dass er gerade hängt. Die Garnschlaufe über den Zweig legen und das Tier durch seine Schlaufe ziehen. Das fertige Mobile mit stabilem Garn oder hübschem Band außer Reichweite des Babys aufhängen.

DIE TIERE NÄHEN

Fuchs: Das Hemd besticken. Den Schwanz und die weißen Backen an den Körper nähen, dann das Gesicht aufsticken. Die Körperhälften zusammennähen und ausstopfen. Vordere Hemdnaht schließen, das Hemd über den Körper ziehen und die Rückennaht schließen. Die Arme zusammennähen, ausstopfen und an die Schultern nähen.

Giraffe: Die Flecken aufnähen und das Gesicht aufsticken. Die beiden Körperhälften zusammennähen und ausstopfen. Das Kleid am Rücken zusammennähen und oben und unten säumen, dabei die oberen Fäden lang hängen lassen. Das Kleid über den Körper ziehen, mit den oberen Fäden fest

zusammenkräuseln und am Körper festnähen. Die Arme zusammennähen, ausstopfen und an die Schultern nähen. Hörner und Ohren an den Kopf nähen.

Eichhörnchen: Die Augen spiegelbildlich aufsticken, den Körper zusammennähen und ausstopfen. Die vordere Hemdnaht schließen, das Hemd anziehen und die Rückennaht schließen. Die Arme zusammennähen, ausstopfen und an den Körper nähen. An jede Seite des Kopfes ein Ohr nähen.

Katze: Die Streifen und die Nase aufnähen, dann das Gesicht sticken. Den Körper mit Rückstich zusammennähen. Die vordere Naht der Hose schließen. Die Hose anziehen, dann Schrittnaht und hintere Naht

schließen. Ein Loch für den Schwanz lassen.

Esel: Die Nasenteile aufnähen und die Augen aufsticken. Den Körper mit Rückstich zusammennähen, dabei an Oberkopf und Hals die Mähne mitfassen. Die Ohren annähen. Den Rock am Rücken zusammennähen und oben und unten säumen, dabei oben lange Fäden hängen lassen. Den Rock über den Körper ziehen, mit den Fäden fest zusammenkräuseln und am Körper festnähen. Den Nasenriemen zum Ring zusammennähen und über die Nase schieben. Die beiden Zügelenden festnähen. Kleine, mit dem Locher aus Papier ausgestanzte Kreise als Knöpfe auf die Enden der Zügel nähen.

Feenhaus-
Türstopper

Das niedliche Häuschen macht sich als Türstopper nützlich, kann aber auch als Bücherstütze benutzt werden. Entscheiden Sie selbst, ob Sie die Vorlagen exakt kopieren oder Farben und Details nach eigenen Vorstellungen gestalten möchten.

MATERIAL ❁ leerer, sauberer Saftkarton, ca. 17 × 10 × 7 cm
❁ Schere ❁ Bleistift oder Filzstift ❁ Lineal ❁ ca. 500 g getrocknete Linsen ❁ Füllwatte
❁ Malerkrepp ❁ Papier ❁ Filz in Hellblau, Violett, Flieder, Grün, Dunkelbraun, Hellbraun, Beige,
Grau, Rosa, Rot, Orange und Gelb ❁ Transparentpapier ❁ Sticknadel
❁ Stickgarn in den Farben des Filzes und in Weiß ❁ Stecknadeln

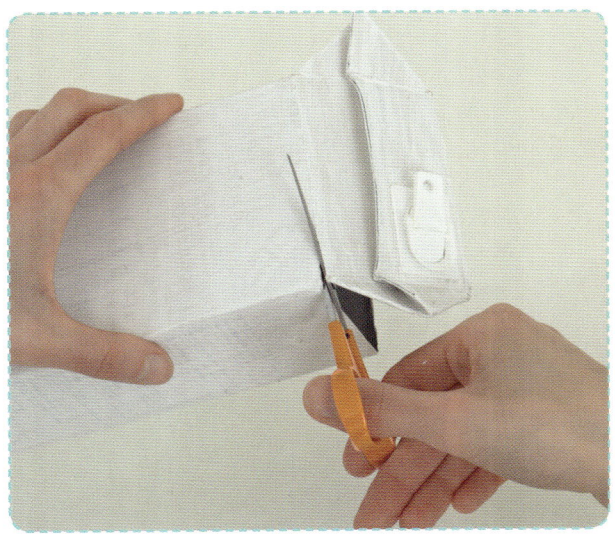

1 **Die Oberseite** des Saftkartons mit der Schere abschneiden und wegwerfen.

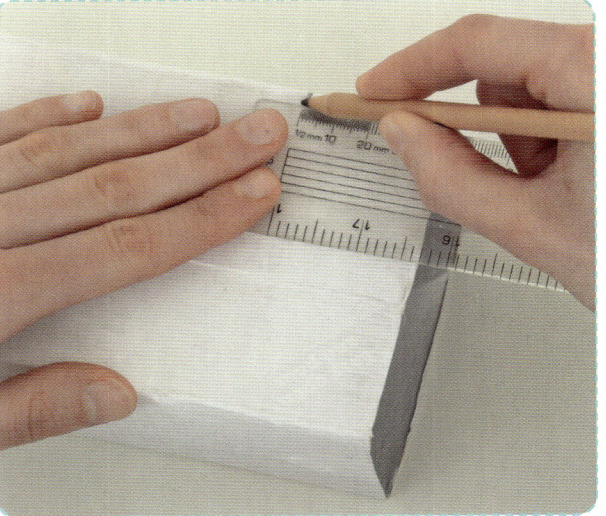

2 **An jeder Ecke** 4 cm unter der Schnittkante eine Markierung anzeichnen. Den Karton in den Ecken bis zu diesen Markierungen einschneiden. Dadurch entstehen vier Klappen.

3 **Die größeren Klappen** nach innen drücken, bis sie zusammentreffen. Ihre Schrägung auf den kleineren Klappen anzeichnen. Das ist die Dachkontur.

4 **Die Pappe** entlang der schrägen Linien wegschneiden.

5 **Den Karton** bis an die Faltlinie der größeren Klappen mit getrockneten Linsen füllen. Sie geben dem Türstopper das nötige Gewicht.

6 **Den Hohlraum des Dachs** mit Füllwatte ausstopfen. Die längeren Klappen an die Dachgiebel falten und alles mit Malerkrepp lückenlos zusammenkleben, damit keine Linsen herausfallen können.

7 **Alle Außenflächen** des Hauses nacheinander auf Papier nachzeichnen, dazwischen jeweils etwas Platz lassen. Dies sind die Schnittmuster für den Filz zum Bekleben des Hauses.

8 **Rings um die Umrisse** 5 mm Nahtzugabe anzeichnen. Die Schnittmuster mit den Nahtzugaben ausschneiden.

9 **Die Schnittmuster** auf den Filz stecken und exakt ausschneiden. Sie brauchen zwei Giebelseiten, zwei Seitenteile und einen Boden in Hellblau und zwei Dachteile in Violett.

10 **Die Vorlage von Seite 246–247** auf Transparentpapier kopieren und ausschneiden. Das sind die Schnittmuster für die Details. Die Schnittmuster auf den Filz stecken und ausschneiden. Außerdem je einen Streifen von 30 × 1 cm in Rot, Orange, Gelb, Grün, Hellblau und Violett sowie einen Streifen von 30 × 3,5 cm in Violett zuschneiden (siehe Foto).

11 **Nun die Details** auf die einzelnen Filzformen sticken. Orientieren Sie sich dabei an den Vorlagen.

12 **Die Filzformen** auf die Hauptteile des Hauses mit Langettenstich (siehe Seite 224) nähen. Orientieren Sie sich dabei an den Vorlagen.

13 **Nachdem alle kleinen Filzformen** aufgenäht wurden, die Blumen um die Tür herum aufsticken.

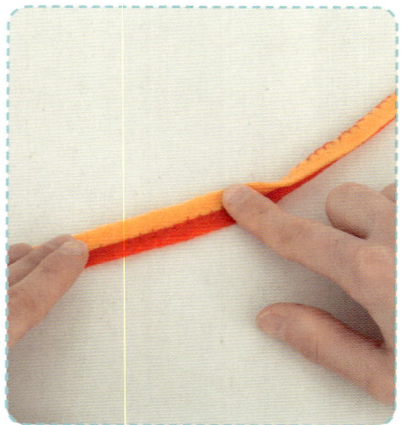

14 **Für den Regenbogen-Griff** die schmalen Filzstreifen in Rot und Orange an einer Längsseite mit Langettenstich zusammennähen.

15 **Den zweifarbigen Streifen** wenden und glatt streichen, dann den gelben Streifen annähen. Die Streifen in Grün, Hellblau und Violett ebenso annähen. Jede Naht glatt streichen.

16 **Den fertigen Regenbogen** ebenfalls mit Langettenstich auf den breiten Streifen in Violett nähen. Alle vier Seiten beider Streifen werden zusammengenäht.

17 **Ein Seitenteil** des Hauses mit Langettenstich an ein Giebelteil nähen. Alle Teile – ausgenommen der Boden – mit Langettenstich zusammennähen.

18 **Die Bogenkanten** an das Dach nähen, dann den Griff fest an die oberen Giebelseiten des Hauses nähen.

19 **Über die Ansätze** des Griffs je eine graue Wolke stecken und ringsherum mit Langettenstich aufnähen.

20 **Den vorbereiteten Karton** in das verzierte Filzhaus schieben.

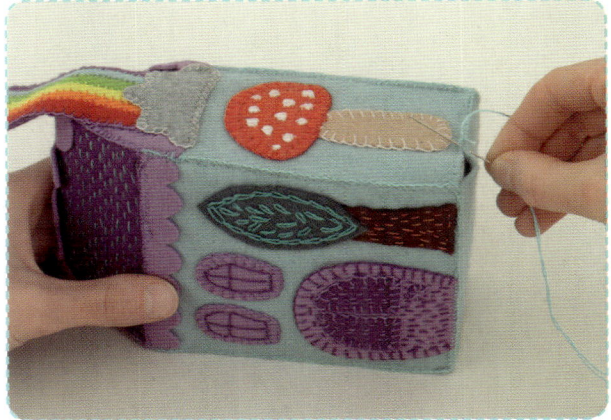

21 **Den Boden** ringsherum mit Langettenstich festnähen.

Sternenhimmel-Wickeldecke

Eine fertig gekaufte Decke kann mit wenig Zeitaufwand zu einem ganz persönlichen Lieblingsstück werden. Gummistempel sind leicht zu schneiden und lassen sich immer wieder benutzen. Natürlich können Sie statt des Sterns auch ein Motiv eigener Wahl drucken.

MATERIAL ✿ Bleistift ✿ Lineal ✿ Transparentpapier ✿ Gummi-Stempelplatte, 8 × 8 cm ✿ Malerkrepp ✿ Falzbein (nach Belieben) ✿ Linolschneider mit kleiner V-Klinge ✿ Linolschneider mit breiter U-Klinge ✿ kleine Farbrolle aus Schaumstoff ✿ Stoffmalfarbe ✿ einfarbige Babydecke ✿ Zeitungspapier ✿ Bügeleisen (bei Bedarf)

Kontur mit Bleistift nachziehen.

1 **Mit Bleistift und Lineal** die Sternen-Vorlage von Seite 241 auf das Transparentpapier übertragen.

2 **Das Transparentpapier** auf die Stempelplatte legen, die Bleistiftstriche nach unten. Mit Malerkrepp festkleben. Die Umrisse mit Bleistift nachziehen, um das Motiv auf das Gummi zu übertragen. Alternativ das Motiv mit einem Falzbein oder dem Finger nachzeichnen, um es zu übertragen.

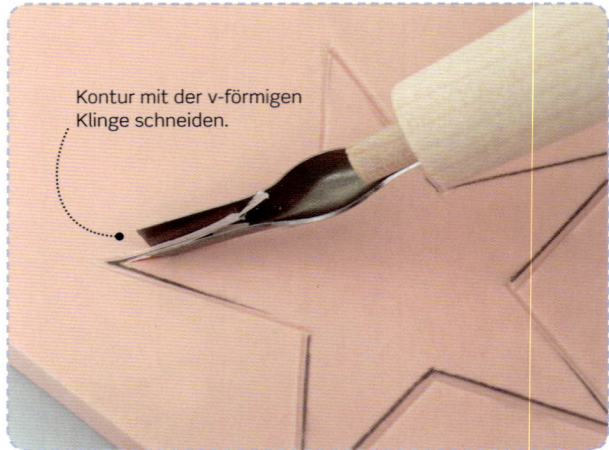

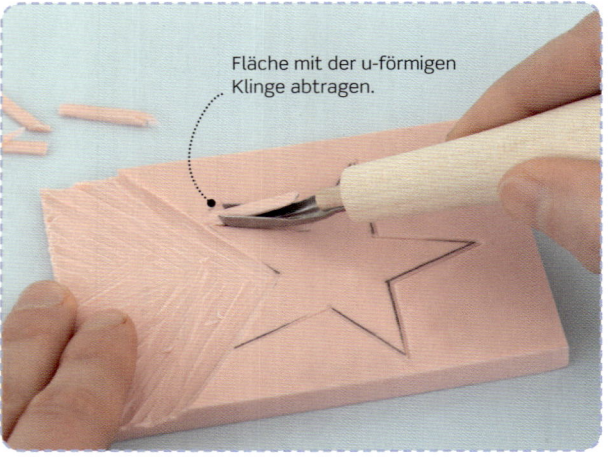

Kontur mit der v-förmigen Klinge schneiden.

Fläche mit der u-förmigen Klinge abtragen.

3 **Das Transparentpapier** abnehmen und die Stern-kontur mit dem v-förmigen Linolschneider nach-schneiden. Die Schnitte werden genauer, wenn Sie das Werkzeug ruhig halten und das Gummi bewegen.

4 **Wenn die Kontur** geschnitten ist, das Gummi rings um den Stern mit dem breiten Linolschneider abtra-gen, bis nur noch der Stern über die restliche Fläche hervorsteht. Damit ist der Gummistempel fertig.

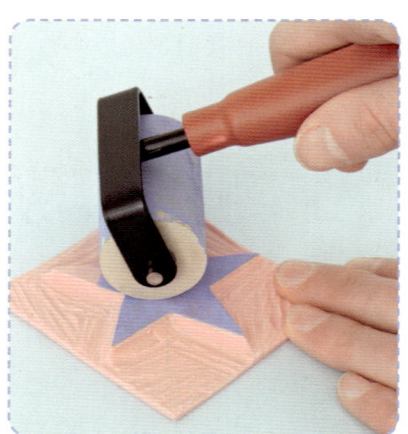

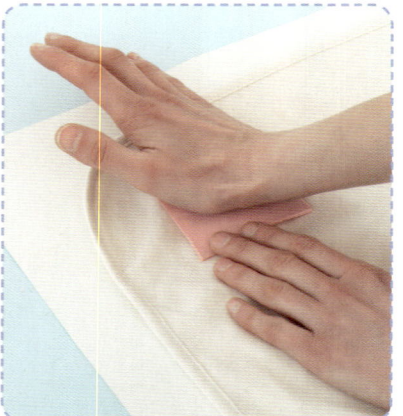

5 **Mit der Schaumstoffrolle** Stoffmalfarbe auf den Stempel auftragen und sehr gleichmäßig verteilen.

6 **Zeitungspapier** auf eine Arbeits-fläche legen. Die Decke darauf ausbreiten, die rechte Seite zeigt nach oben. Den Stempel auf die Decke setzen und fest und gleich-mäßig andrücken. Den Stempel vorsichtig anheben.

7 **Weitere Sterne** wie in Schritt 5 und 6 stempeln. Die Anordnung bestimmen Sie selbst. Nach jedem Druck neue Farbe auf den Stempel auftragen. Zum Schluss die Farbe nach Herstelleranwei-sung fixieren – normalerweise durch Bügeln.

TIPP Beachten Sie beim Waschen und Trocknen die Hinweise des Farbherstellers.

Streifen-Bilderrahmen

Für so einen Bilderrahmen mit grafischem Streifenmuster brauchen Sie nichts weiter als Farbe und Malerkrepp.

MATERIAL ✿ Bilderrahmen aus Holz (Größe nach Wunsch) ✿ Malerkrepp
✿ feines Schleifpapier ✿ Acrylfarben (2 Farbtöne) ✿ Pinsel
✿ Cutter ✿ Schneidematte ✿ Lineal ✿ Band (nach Belieben)

1 Rückwand und Glas aus dem Rahmen nehmen oder das Glas mit Malerkrepp abkleben. Die Vorderseite des Rahmens leicht anschleifen, damit die Farbe besser haftet. Zwei- oder dreimal mit der Hauptfarbe streichen, zwischendurch trocknen lassen.

2 Malerkrepp mit einem Cutter in Streifen für das Muster schneiden. Länge und Breite richten sich nach der Rahmengröße. Die Rasterlinien auf der Schneidematte erleichtern das akkurate Zuschneiden.

3 Nun das Malerkrepp von der Schneidematte lösen und im gewünschten Muster auf den Rahmen kleben. Die Kanten sorgfältig andrücken, damit keine Farbe darunterläuft.

4 Die Flächen zwischen den Kreppstreifen mit der zweiten Farbe streichen. Nach dem Trocknen nochmals streichen, um sicherzugehen, dass die Farbe gut deckt.

5 **Wenn die Farbe** völlig trocken ist, das
Malerkrepp entfernen. Ein Foto in den Rahmen einlegen. Nun können Sie das Bild mit
einem farblich passenden Band aufhängen.

Bunte Wimpelkette siehe Seite 40-43

Eulen-
Kissen

So ein buntes Eulenkissen mit glänzenden Knopfaugen sieht in jedem Kinderzimmer hübsch aus. Wenn Ihr Baby es als Spielzeug benutzen darf, sollten Sie
aber auf Knöpfe verzichten und die Augen lieber aufsticken.

MATERIAL ❀ Bleistift oder Filzstift ❀ Seidenpapier oder Transparentpapier ❀ Schere
❀ Stecknadeln ❀ 35 × 60 cm Stoff für den Körper ❀ 20 × 20 cm gemusterter Stoff für die Flügel
❀ 5 × 10 cm grauer Stoff für die Augen ❀ 11 × 21 cm weißer Stoff für die Maske ❀ 8 × 6 cm gemusterter Stoff
für den Schnabel ❀ Bügeleisen ❀ Schneiderkreide ❀ Lineal ❀ 1 m Zackenlitze ❀ Nähmaschine mit
Zickzackstich ❀ Nähgarn in passenden Farben zu den Stoffen ❀ 2 Knöpfe, 2 cm Durchmesser
❀ Garn in der Farbe der Knöpfe ❀ Nähnadel ❀ Füllwatte

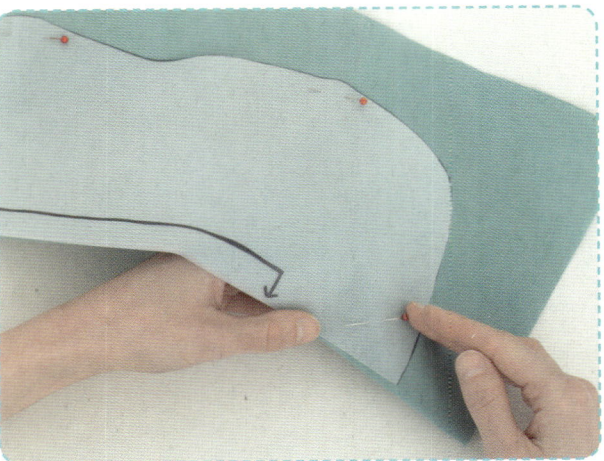

1 **Die Vorlagen** von Seite 239 auf die angegebene Größe
vergrößern, dann auf Transparent- oder Seidenpapier durchpausen und ausschneiden. Das sind
die Schnittmuster.

2 **Die Schnittmuster** auf die Stoffe stecken. Die mit
Pfeilen gekennzeichneten Kanten werden am Stoffbruch angelegt. Die Teile aus Stoff ausschneiden,
die Schnittmuster abnehmen, die Stoffe ausbreiten
und bügeln.

3 **Mit Schneiderkreide** und Lineal sechs parallele Striche in Abständen von 2,5 cm zwischen den Flügeln auf den Eulenbauch zeichnen.

4 **Zackenlitze** in der Länge der Striche zuschneiden und gerade auf die Striche stecken. Die Enden so weit überstehen lassen, dass sie von den Flügeln verdeckt werden.

5 **Garn in der Farbe** der Zackenlitze in die Maschine einfädeln, Geradstich einstellen und jeden Streifen Litze entlang seiner Mitte aufsteppen. Dabei die Stecknadeln entfernen.

6 **Die Flügel** rechts und links auf den Bauch stecken, sodass sie die Enden der Litze verdecken. Ringsherum mit Geradstich aufsteppen.

7 **Ober- und Unterfaden** in passender Farbe einfädeln und die bauchseitigen Kanten der Flügel mit einem sehr engen, breiten Zickzackstich nachsteppen.

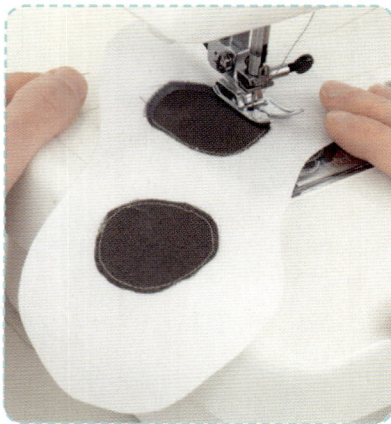

8 **Die Augen** mittig auf die weiße Maske stecken. Mit Geradstich ringsherum aufsteppen. Dann graues Garn einfädeln und die Kanten mit engem, breitem Zickzackstich nachsteppen.

9 **Die Maske mit den Augen** vorn auf den Eulenkopf stecken. Mit weißem Garn wie in Schritt 8 aufnähen. Den Schnabel feststecken und mit farblich passendem Garn ebenso applizieren.

10 **In die Mitte** jedes Stoffauges von Hand mit passendem Garn einen Knopf nähen. Die Knöpfe sehr sorgfältig festnähen, damit das Baby sie nicht abreißen und verschlucken kann.

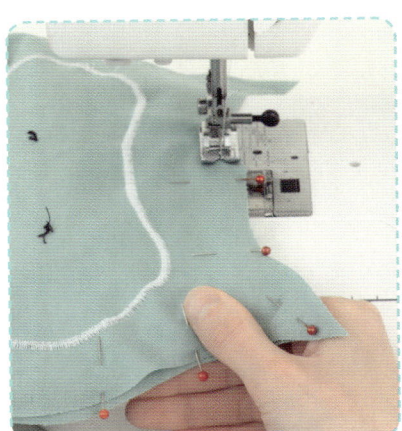

11 **Vorder- und Rückseite** der Eule rechts auf rechts aufeinanderstecken. Mit passendem Garn ringsherum mit 1 cm Nahtzugabe zusammennähen. Unten eine 7,5 cm große Öffnung zum Ausstopfen lassen.

12 **Die Nahtzugabe** an den Ohren auf etwa 5 mm zurückschneiden. Nahtzugaben an Ecken und Rundungen einschneiden, damit sie sich nach dem Wenden nicht abzeichnen.

13 **Die Eule** durch die Öffnung im Boden auf rechts wenden und bügeln. Das Kissen mit Füllwatte ausstopfen, dann die Öffnung von Hand mit kleinen, unauffälligen Stichen schließen.

Faltbare Wickelmatte

Wer so eine Matte hat, kann sein Baby jederzeit und überall wickeln – auch unterwegs. Sie hat eine Rückseite aus praktischem PVC. Wenn sie nicht benutzt wird, lässt sie sich platzsparend zusammenfalten und mit einem hübschen Schleifenband zubinden.

MATERIAL ❀ 70 × 55 cm von zwei verschiedenen Stoffen, z. B. Baumwolle und PVC ❀ Schere oder Rollschneider und Schneidematte ❀ 60 cm Baumwollband, 1 cm breit ❀ Schneiderkreide ❀ Stecknadeln ❀ Seidenpapier (wenn Sie PVC verarbeiten) ❀ passendes Nähgarn ❀ Nähmaschine ❀ Bügeleisen ❀ feste Pappe ❀ 65 × 50 cm Volumenvlies ❀ langes Lineal ❀ Nähnadel

Schneide-matte

Baumwoll-band

Rechts auf rechts

1 **Mit dem Rollschneider** auf der Schneidematte oder mit einer Schere aus den beiden Stoffen Rechtecke von 62 × 47 cm zuschneiden. Der Stoff muss ganz glatt und gerade liegen. Das Baumwollband in zwei Stücke von 30 cm Länge schneiden.

2 **An beiden langen Kanten** im Abstand von 30 cm zur Oberkante auf der rechten Stoffseite mit Schneiderkreide Punkte markieren. Sie müssen exakt auf gleicher Höhe liegen. Die Enden der beiden Baumwollbänder an den Markierungen auf den Stoff legen. Das andere Stoffrechteck rechts auf rechts darauflegen.

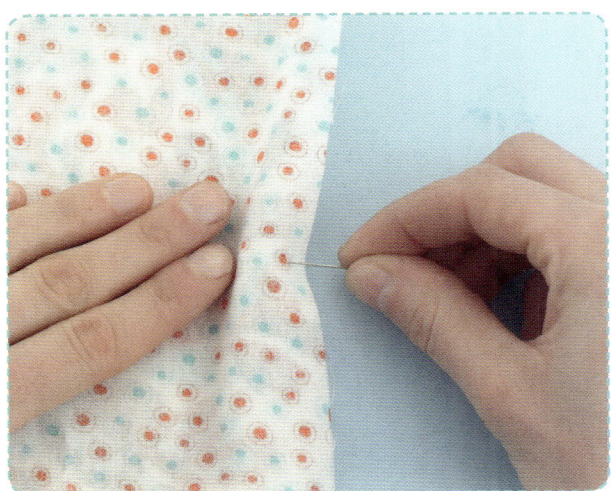

3 **Beide Stofflagen** ringsherum aufeinanderstecken. Dabei auch das Baumwollband, das nun zwischen den Stoffen liegt, an den richtigen Stellen fixieren.

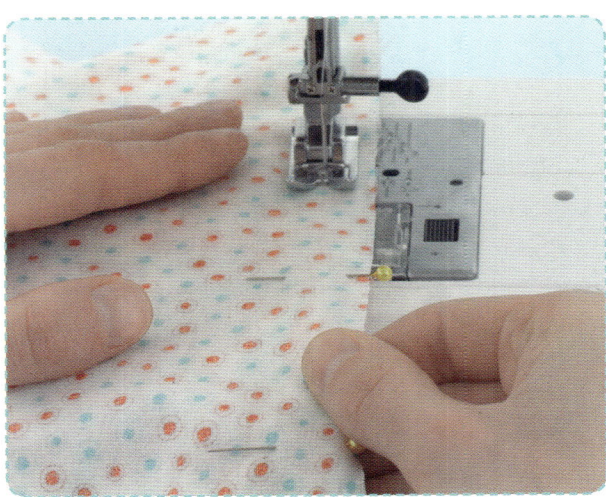

4 **Mit Geradstich** und passendem Nähgarn alle vier Kanten zusammensteppen, dabei eine ca. 13 cm lange Öffnung an einer Schmalseite lassen. Wenn die Maschine PVC-Stoff schlecht transportiert, legen Sie Seidenpapier zwischen Stoff und Maschinenfüßchen.

5 **Die Nahtzugaben** an den vier Ecken schräg abschneiden, damit sie sich nach dem Wenden nicht wulstig abzeichnen. Dabei aber nicht die Naht beschädigen. Die Matte wenden und bügeln. Die Ecken beim Bügeln mit einem Stück fester Pappe herausdrücken.

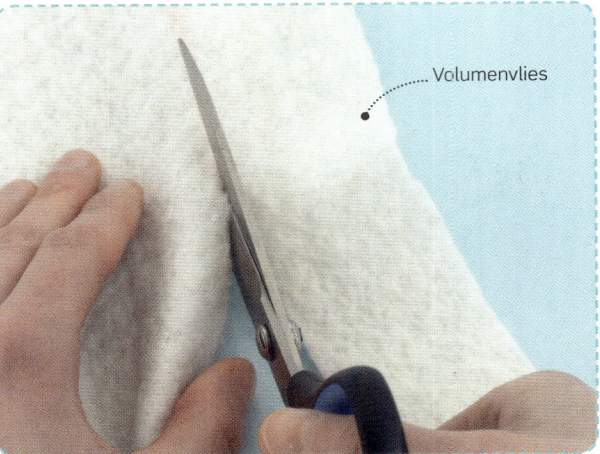

Volumenvlies

6 **Die Matte genau ausmessen** und ein Stück Volumenvlies in exakt denselben Abmessungen zuschneiden. Das Vlies durch die Öffnung in die Matte schieben. Es darf nicht zu groß sein, sonst wirft es Falten, aber auch nicht zu klein, sonst füllt es die Matte nicht vollständig aus.

8 **Mit Schneiderkreide und Lineal** im Abstand von 19 cm zu Ober- und Unterkante an beiden Seiten Punkte anzeichnen und diese durch Linien verbinden. Zwischen den Steppnähten aus Schritt 7 auf diesen Markierungslinien steppen.

7 **Wenn das Vlies** die Matte genau ausfüllt, die Kanten durch alle drei Lagen hindurch feststecken. Die Matte ringsherum mit 2,5 cm Abstand zur Kante mit Geradstich absteppen. Diese Steppnaht verhindert, dass sich die Vlieseinlage in der Matte beim Gebrauch verschieben kann.

9 **Zum Schluss** die Öffnung an der Unterkante von Hand mit kleinen, unauffälligen Stichen zusammennähen. Dabei abwechselnd in die linke und rechte eingeschlagene Stoffkante einstechen. Die Enden des Baumwollbandes doppelt einschlagen und durch alle drei Lagen von Hand festnähen, damit sie nicht ausfransen können.

Utensilo fürs Bettchen

In diesen praktischen Taschen ist alles, was man im Kinderzimmer braucht, gut verstaut. Wenn das Baby größer ist, kann es auch selbst etwas herausnehmen. Dann darf dort nichts aufbewahrt werden, das ihm gefährlich werden könnte.

MATERIAL ❀ 105 × 114 cm Stoff für die Rückseite ❀ 90 × 93 cm Stoff für die Taschen ❀ Lineal ❀ Schere ❀ Bügeleisen ❀ Schneiderkreide in 2 Farben ❀ 52 × 65 cm Volumenvlies ❀ Stecknadeln ❀ Nähmaschine mit Zickzackstich ❀ passendes Nähgarn ❀ Bleistift ❀ 60 cm Rundholzstab, 1,5 cm Durchmesser

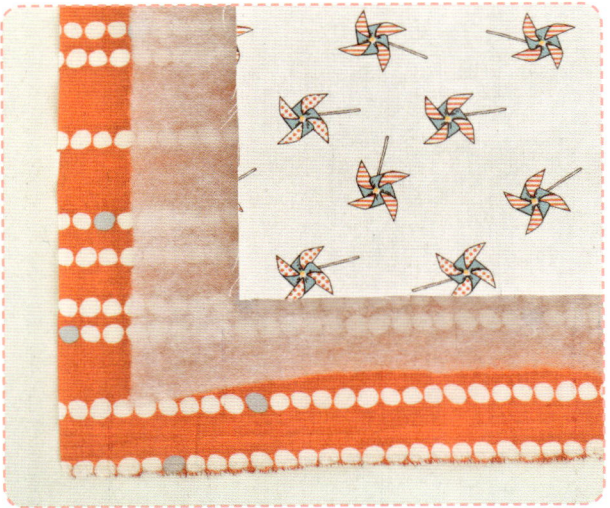

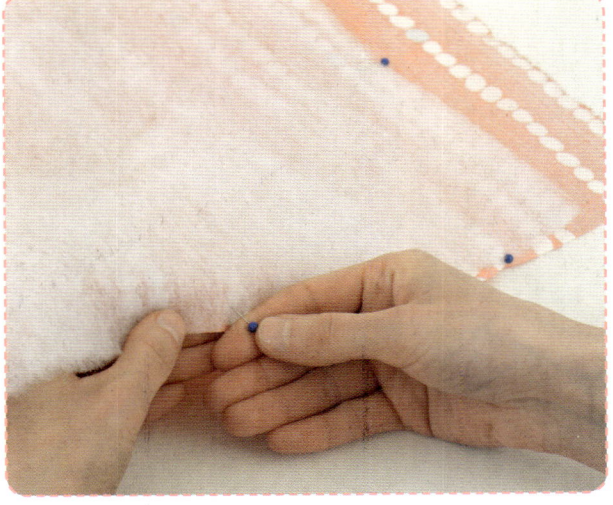

1 **Ein Rechteck** von 114 × 65 cm aus dem Stoff für die Rückseite zuschneiden, zwei Rechtecke von je 45 × 93 cm aus dem Taschenstoff und vier Rechtecke von je 40 × 10 cm für die Bindebänder aus dem Rückseitenstoff. Alle Stoffe bügeln.

2 **Den Stoff für die Rückseite** in Querrichtung falten, die Faltlinie anzeichnen. Es ergeben sich zwei Flächen von je 57 × 65 cm. Die untere wird beim fertigen Utensilo nach hinten zeigen, die obere nach vorn. Das Volumenvlies auf die linke Stoffseite des Vorderteils stecken. 5 cm Abstand zur Oberkante halten: Dort wird später das Rundholz eingeschoben.

FALT- UND STEPPLINIEN DER TASCHEN

❀ **Unterer Taschenstreifen**
An einer Seite beginnend, Faltlinien im Abstand von 23 cm, 14 cm, 19 cm, 14 cm und 23 cm anzeichnen. In der Mitte der beiden 14 cm breiten Abschnitte Stepplinien anzeichnen.

❀ **Oberer Taschenstreifen**
Hier abwechselnd Linien in Abständen von 13 cm und 7 cm bis zum Ende des Streifens anzeichnen. In der Mitte jedes 7 cm breiten Streifens eine Stepplinie anzeichnen.

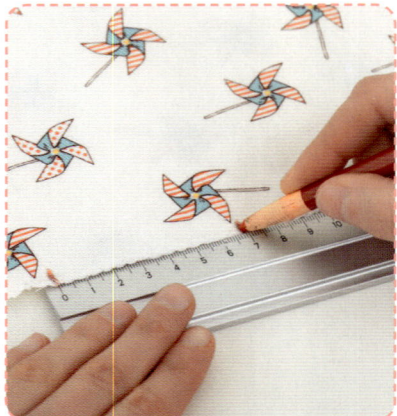

3 **Die Rechtecke** für die Taschen zur Hälfte falten. So entstehen zwei Streifen von 22,5 × 93 cm. Die Längskanten mit Zickzackstich versäubern, dann die Markierungen entsprechend den Angaben im Kasten links anzeichnen.

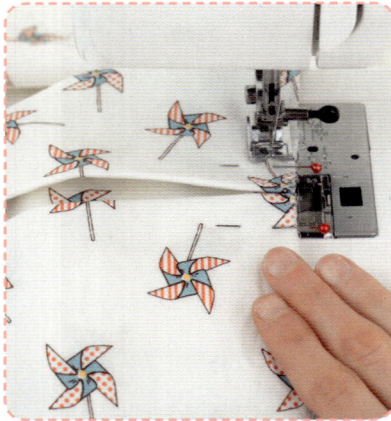

4 **Weiter der Anleitung** Seite 227 folgen und die Falten entsprechend der Markierungen so einlegen und stecken, dass sie an den Stepplinien zusammentreffen. Die Falten einbügeln, dann die Unterkanten der Streifen steppen und dabei die Falten fixieren.

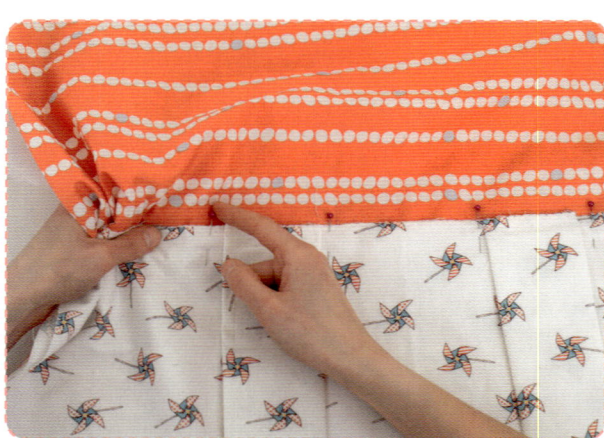

5 **Den unteren Taschenstreifen** mit der rechten Seite nach unten auf den Rückseitenstoff legen. Die Bruchkante des Taschenstreifens zeigt nach unten, die unversäuberte Kante mit den eingesteppten Falten liegt 5 cm oberhalb der Linie, die in Schritt 2 eingezeichnet wurde. Die unversäuberte Kante feststecken (Volumenvlies mitfassen) und mit 1 cm Nahtzugabe feststeppen.

6 **Den Taschenstreifen** nach oben klappen. Seine Seitenkanten an denen von Rückseite und Volumenvlies ausrichten und stecken. Durch Rückseitenstoff und Volumenvlies hindurch auf den in Schritt 3 angezeichneten Stepplinien feststecken und steppen. Dann die Seitenkanten zusammensteppen.

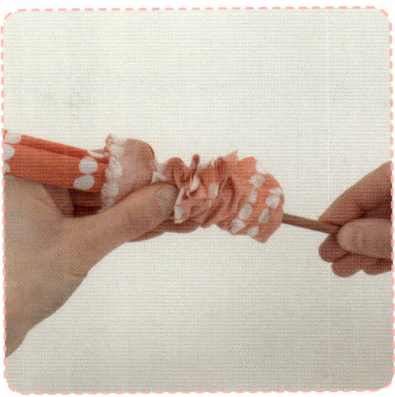

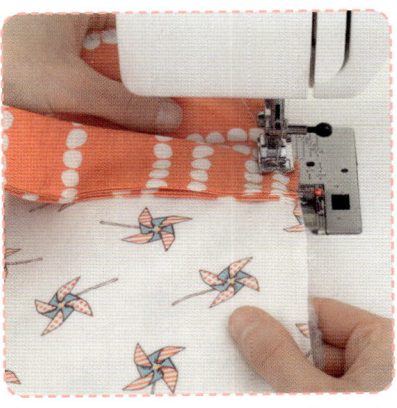

7 **Den oberen Taschenstreifen** ebenso festnähen. Seine unversäuberte Kante wird 27 cm oberhalb der in Schritt 2 angezeichneten Linie angelegt. Dadurch entsteht später zwischen den beiden Taschenstreifen eine Lücke von 1,5 cm.

8 **Die Stoffe** für die Bänder rechts auf rechts längs zur Hälfte falten, um vier Streifen von 5 × 40 cm zu erhalten. Jeweils eine Schmalseite und die Längsseite mit 1 cm Nahtzugabe steppen, dann die Schläuche mit einem stumpfen Bleistift wenden.

9 **Die Bänder** bügeln. Jeweils zwei Bänder mit den unversäuberten Enden genau aufeinander an die Ecken der Rückseiten-Oberkante stecken. Alle Stoffkanten genau aufeinander ausrichten. Die Bänder sorgfältig feststeppen.

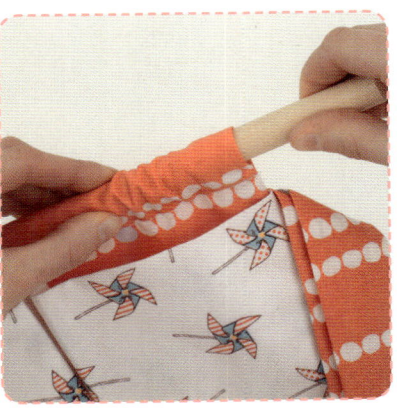

10 **Den Stoff** für die Rückseite auf der in Schritt 2 angezeichneten Linie rechts auf rechts falten. Die Kanten aufeinander ausrichten und stecken. Durch alle Lagen zusammennähen, aber die Oberkante offen lassen. Wenden und bügeln.

11 **Die Oberkante** des Rückseitenstoffs 1 cm breit umschlagen und bügeln. Nun 3 cm breit umschlagen. Nochmals bügeln, feststecken und knappkantig feststecken. Das ist der Tunnel für das Rundholz.

12 **Das Rundholz** in den Tunnel schieben.

Weicher Türpuffer

So ein praktischer Türpuffer verhindert, dass das schlafende Baby durch eine knallende Tür geweckt wird. Nähen Sie ihn aus hübschen Stoffen in Farben, die zum Kinderzimmer passen. Er ist in weniger als einer Stunde fertig.

MATERIAL ✿ 18 × 18 cm Hauptstoff ✿ 15 × 30,5 cm Stoff für die Schlaufen
✿ Schneiderkreide ✿ Lineal ✿ Schere ✿ Stecknadeln ✿ Nähmaschine ✿ passendes Nähgarn
✿ Sicherheitsnadel ✿ 36 cm Gummiband, 5 mm breit ✿ Füllwatte ✿ Nähnadel

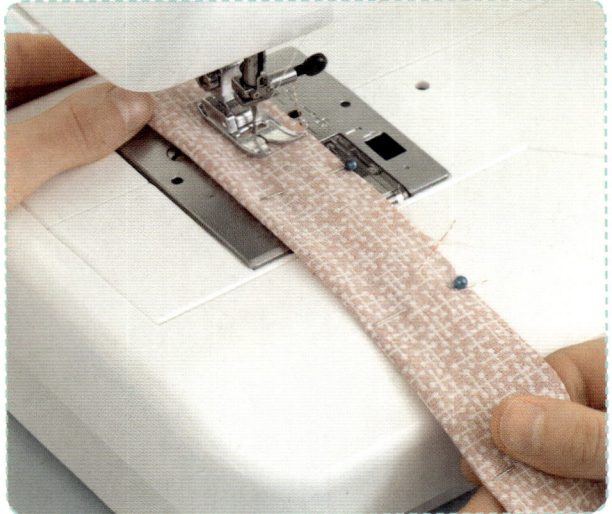

1 **Mit Schneiderkreide** und Lineal auf dem Hauptstoff zwei Rechtecke von 18 × 9 cm anzeichnen. Auf dem Stoff für die Schlaufen zwei Rechtecke von 7,5 × 30,5 cm anzeichnen. Alle vier Rechtecke ausschneiden.

2 **Einen Streifen Schlaufenstoff** der Länge nach rechts auf rechts zur Hälfte falten. Die Kanten exakt aufeinanderstecken und mit 1 cm Nahtzugabe im Geradstich zusammensteppen. Dabei die Stecknadeln entfernen. Die Nahtzugabe auf 5 mm zurückschneiden. Den anderen Schlaufenstreifen ebenso zusammennähen.

Den Schlauch mit der Sicherheits-nadel wenden.

Gummiband mit der Sicherheitsnadel durch den Schlauch ziehen.

3 **Die Sicherheitsnadel** an einem Ende einer Schlaufe befestigen und durch den Schlauch schieben. Herausziehen, um den Schlauch zu wenden (siehe Seite 226). Die Sicherheitsnadel entfernen.

4 **Die Sicherheitsnadel** an einem Stück Gummiband (18 cm Länge) befestigen und durch den Schlauch schieben, bis das Ende des Gummis mit dem Ende des Schlauchs abschließt.

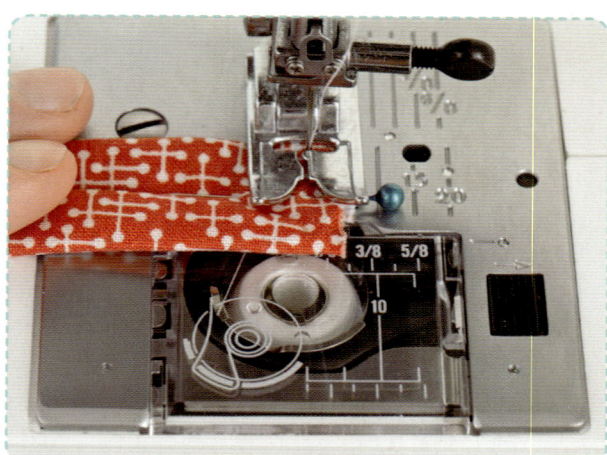

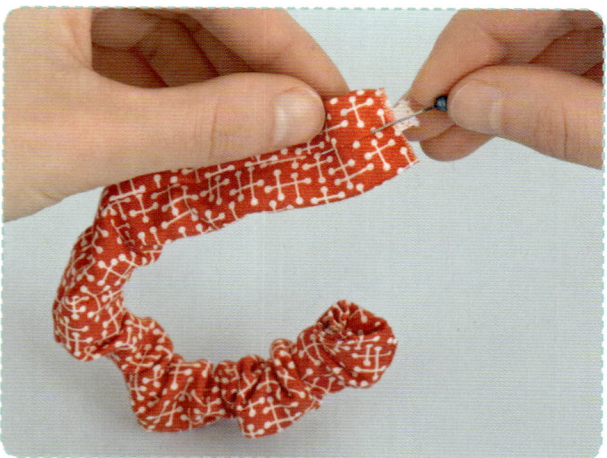

5 **Das Ende des Gummibands** mittig am Ende des Schlauchs feststecken und mit 5 mm Nahtzugabe quer feststeppen.

6 **Die Sicherheitsnadel** mit dem Gummiband aus dem Schlauch ziehen. Dabei kräuselt sich der Schlauch. Das andere Ende des Gummibands mittig am zweiten Schlauchende feststecken. Die Sicherheitsnadel entfernen. Das Gummi wie in Schritt 5 feststeppen. Schritt 3–6 mit der anderen Schlaufe wiederholen.

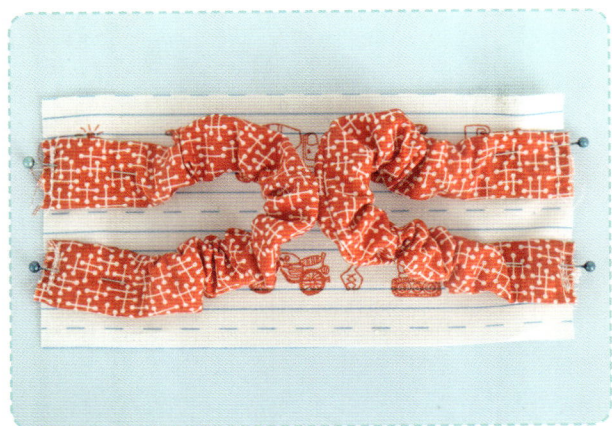

7 **Ein Rechteck aus Hauptstoff** mit der rechten Seite nach oben legen. Die Schlaufen darauflegen (siehe Foto), die Enden an den Seiten auf gleicher Höhe und in gleichen Abständen feststecken.

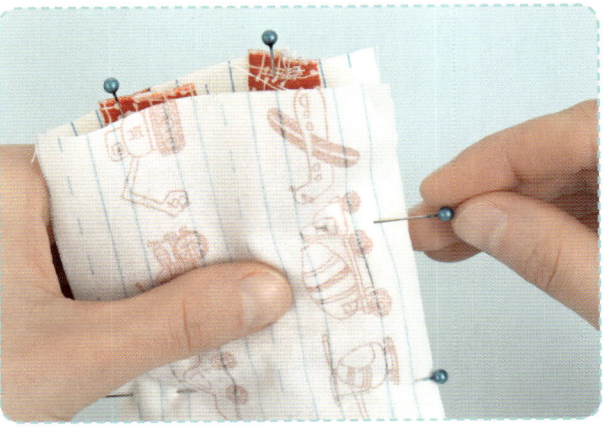

8 **Das zweite Rechteck** aus Hauptstoff darauflegen (rechte Seite nach unten), dabei das Muster nicht kopfüber drehen. Alle vier Kanten der Rechtecke genau ausrichten und zusammenstecken. Die Enden der Schlaufen gut feststecken, damit sie nicht verrutschen können.

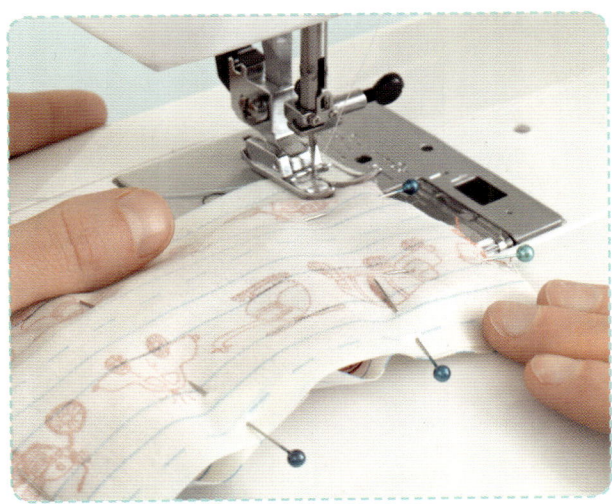

9 **Die Kanten ringsherum** mit 1 cm Nahtzugabe zusammennähen, aber an der Unterkante eine 4 cm lange Öffnung lassen. Mehrmals über die Enden der Schlaufen hin und her nähen, damit sie nicht so leicht ausreißen.

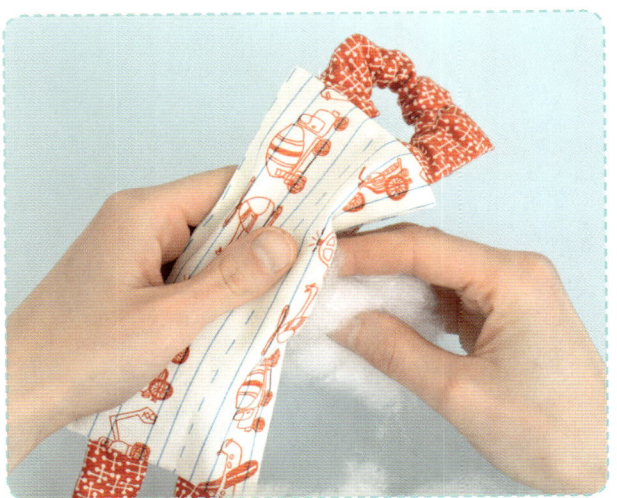

10 **Den Türpuffer** durch die Öffnung auf rechts wenden. Mit Füllwatte ausstopfen, dann die Öffnung mit kleinen, unauffälligen Stichen von Hand mit passendem Nähgarn zunähen.

Wasserdichte Tasche

Kleine Unfälle können auch unterwegs passieren. Da ist es gut, wenn Mama eine praktische Tasche für feuchte Babykleidung oder Windeln dabeihat. Stoff mit einer undurchlässigen Beschichtung eignet sich gut für dieses Projekt.

MATERIAL ✿ 40 × 64 cm wasserdicht beschichteter Stoff (PUL-Stoff) ✿ Schneiderkreide ✿ Maßband ✿ Schere ✿ Stecknadeln ✿ farblich passender Reißverschluss, mindestens 33 cm lang ✿ passendes Polyester-Nähgarn ✿ Nähmaschine ✿ Seidenpapier oder Teflon®-Nähfüßchen ✿ Bügeleisen

1 **Aus dem beschichteten Stoff** ein Rechteck von 30 × 64 cm für die Tasche und einen Streifen von 6 × 40 cm für den Griff zuschneiden.

2 **Den Reißverschluss** rechts auf rechts an eine 30 cm lange Kante eines Taschenteils stecken und mit 5 mm Nahtzugabe feststeppen. Seidenpapier unter das Nähfüßchen legen oder einen Teflon®-Fuß einsetzen, damit der beschichtete Stoff gleichmäßig transportiert wird.

3 **Den Reißverschluss** rechts auf rechts an die andere 30 cm lange Kante des Stoffs anlegen, stecken und ebenso mit 5 mm Nahtzugabe feststeppen. Bei niedriger Temperatur bügeln, dann die Tasche auf rechts wenden. Den Griff rechts auf rechts zur Hälfte falten.

4 **Die Längskante** mit 1 cm Nahtzugabe steppen. Mit einer Sicherheitsnadel wenden (siehe Seite 226). Vorsichtig bügeln.

5 **Den Griff** quer zur Hälfte falten. Die Enden unterhalb des Reißverschlusses an der Seitenkante der Tasche anlegen und mit 1 cm Nahtzugabe an einer Lage der Tasche feststeppen.

6 **Die Tasche** auf links wenden und so falten, dass der Reißverschluss 5,5 cm unter der Oberkante liegt. Den Reißverschluss halb öffnen.

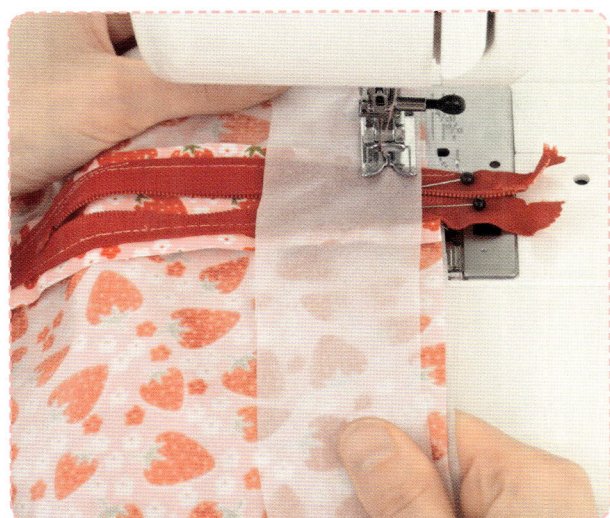

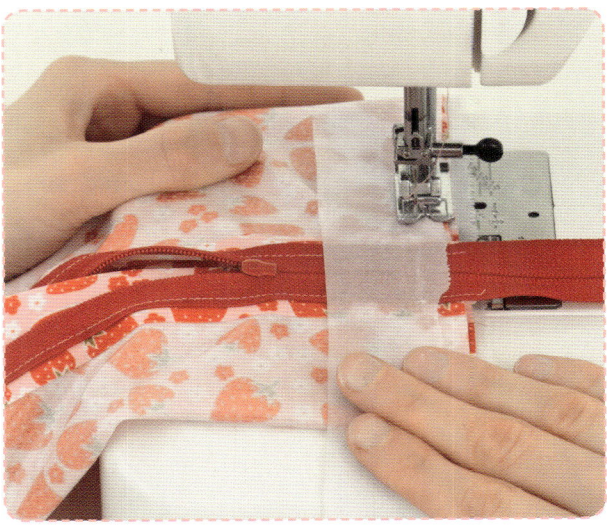

7 **Seidenpapier** auf und unter die Tasche legen. Die Seitenkante, auf der die Reißverschlussöffnung liegt, mit 1 cm Nahtzugabe steppen, dabei die Stecknadeln entfernen.

8 **Die andere Seitenkante** ebenso steppen. Der Griff liegt innen zwischen den Stofflagen, die Oberkante ist so gefaltet, dass der Reißverschluss gerade verläuft.

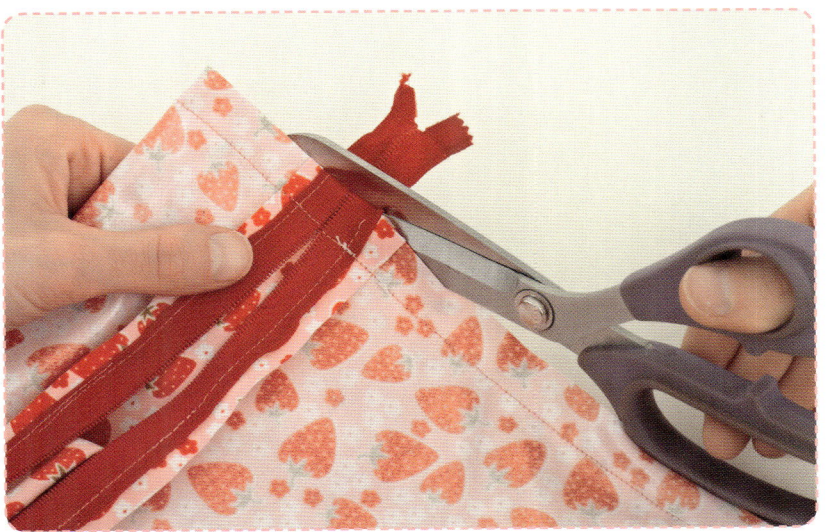

GRÖSSE
Die fertige
Tasche ist
28 × 31,5 cm
groß.

9 **Die überstehenden Enden** des Reißverschlusses abschneiden. Die Tasche auf rechts wenden und vorsichtig bei niedriger Temperatur bügeln. Bitte beachten Sie die Bügelhinweise des Stoffherstellers.

Spielzeug

Ein Wal namens Wanda

Der griffige weiche Wal hat gute Chancen, zum Lieblingsspielzeug zu werden. Er ist so schnell und einfach gemacht, dass Sie vielleicht Lust bekommen, eine ganze Walfamilie aus verschiedenen fröhlichen Stoffen zu nähen.

MATERIAL ❀ Transparentpapier ❀ Filzstift ❀ Schere ❀ 51 × 35,5 cm Stoff ❀ Stecknadeln ❀ Nähmaschine ❀ passendes Nähgarn ❀ Sticknadel ❀ schwarzes Stickgarn ❀ kleiner Stickrahmen (nach Belieben) ❀ Füllwatte ❀ Bleistift ❀ Nähnadel

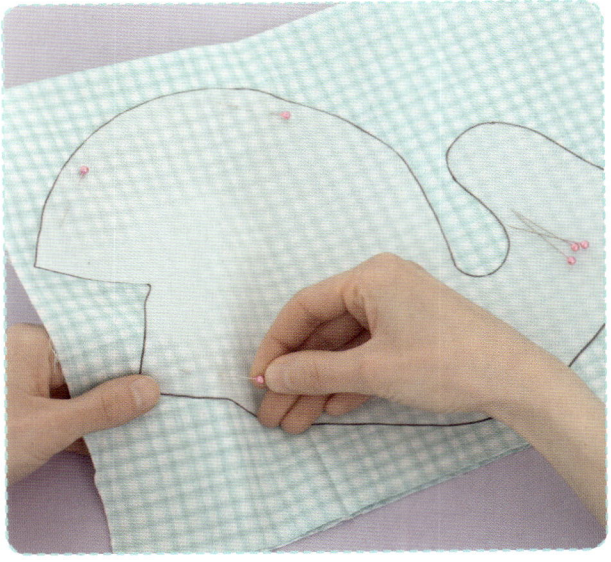

1 **Die Vorlage** von Seite 237 auf das Transparentpapier durchpausen und ausschneiden. Das ist Ihr Schnittmuster.

2 **Den Stoff** links auf links zur Hälfte falten, das Schnittmuster daraufstecken und durch beide Stofflagen ausschneiden. Dies sind Vorder- und Rückseite des Wals.

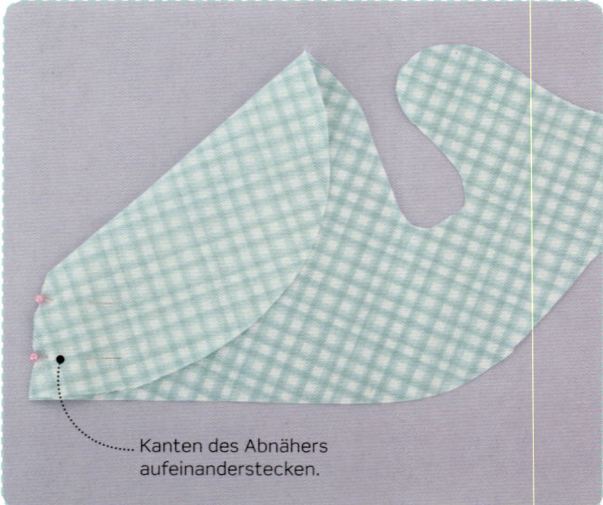

Kanten des Abnähers
aufeinanderstecken.

3 **Die Kanten des Abnähers** an der Rückseite des Wals rechts auf rechts aufeinanderstecken. Die leicht gekrümmten Kanten dabei exakt ausrichten.

4 **Die gesteckten Kanten des Abnähers** mit 5 mm Nahtzugabe zusammensteppen. Den Abnäher an der Vorderseite des Wals ebenso steppen.

5 **Mit der Sticknadel** und schwarzem Stickgarn die Augen auf Vorder- und Rückseite des Wals sticken. Sie müssen auf gleicher Höhe liegen. Wer möchte, kann einen Stickrahmen verwenden.

Abnäher auf-
einander ausrichten
und stecken.

6 **Vorder- und Rückseite des Wals** rechts auf rechts aufeinanderlegen. Die Abnäher genau aufeinander ausrichten und stecken. Von dort ausgehend die restlichen Kanten zusammenstecken.

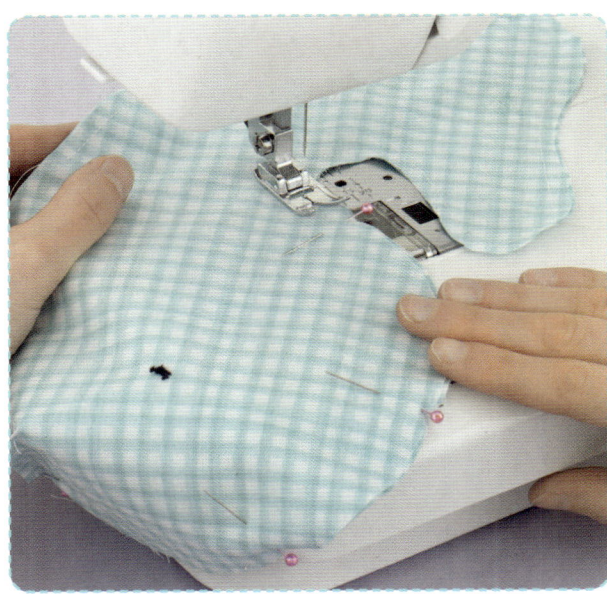

7 **Am Bauch beginnend,** die Kanten mit 1 cm Nahtzugabe ringsherum zusammensteppen. Die Runde nicht ganz schließen, am Bauch muss eine Öffnung von etwa 6,5 cm bleiben.

8 **Die Nahtzugaben** an Ecken und Rundungen einknipsen, damit sie sich nach dem Wenden nicht abzeichnen. An engen Rundungen die Abstände zwischen den Einschnitten verkleinern.

9 **Den Wal** durch die Öffnung, die in Schritt 7 an der Bauchseite gelassen wurde, auf rechts wenden.

10 **Fest mit Füllwatte** ausstopfen. Die Watte mit dem stumpfen Ende eines Bleistifts bis in den Schwanz schieben.

11 **Die Öffnung am Bauch** mit kleinen, unauffälligen Stichen durch beide Stoffkanten von Hand sorgfältig zunähen.

Kunterbunte Bauklötze

Schlichte Holzbauklötze kann man in vielen Größen für wenig Geld kaufen. Für dieses Projekt haben wir 5 cm große Klötze verwendet. Für eine andere Größe brauchen Sie nur die Vorlagen entsprechend anzupassen.

MATERIAL ✿ bunt bedruckte Papiere ✿ Bauklötze in Würfelform ✿ Lineal ✿ Bleistift
✿ Schere ✿ weicher Pinsel ✿ Découpage-Kleber oder verdünnter PVA-Leim (Konsistenz wie flüssige Sahne)
✿ Pergamentpapier oder Backpapier ✿ Saphir-Nagelfeile oder feines Schleifpapier
✿ lösemittelfreier Klarlack, matt oder glänzend

1 **Zuerst verschiedene Papiere aussuchen,** vielleicht passend zu einem Thema oder zur Einrichtung. Die Kantenlängen der Bauklötze genau ausmessen.

2 **Auf dem Papier** Quadrate für die Seiten der Bauklötze anzeichnen. Mit einer Schere ausschneiden. Sie brauchen für jeden Klotz sechs Stücke Papier.

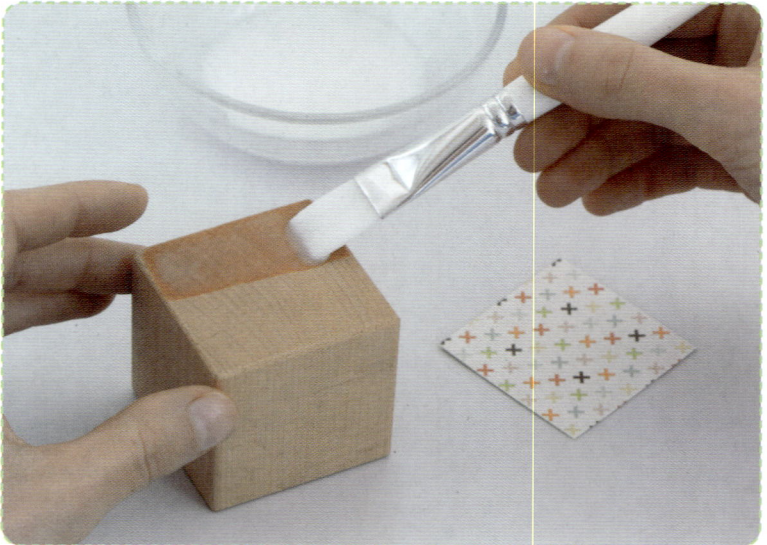

3 **Mit einem weichen Pinsel** Découpage-Kleber oder verdünnten PVA-Leim auf eine Seite des Klotzes und die Rückseite eines Papierstücks auftragen. Beide Flächen müssen lückenlos bedeckt sein.

4 **Das bestrichene Papier** auf den Bauklotz legen und vorsichtig die Luftblasen darunter herausstreichen.

5 **Das Papier** mit Kleber überstreichen, um es zu versiegeln. Dann den Bauklotz drehen und die nächste Seite bekleben. Wiederholen, bis nur noch eine Seite des Würfels frei ist.

6 **Den Bauklotz** mit der unbeklebten Seite nach unten auf Pergament- oder Backpapier setzen und den Kleber gut trocknen lassen.

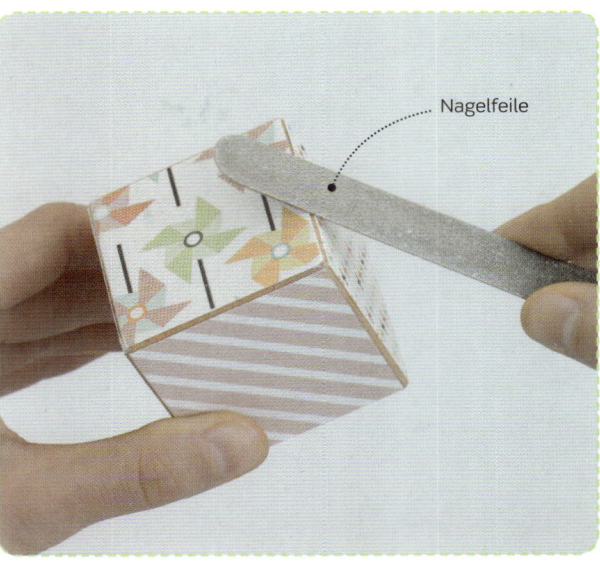

Nagelfeile

7 **Wenn der Bauklotz** trocken ist, kann auch die letzte Seite mit Papier beklebt werden. Wieder gut trocknen lassen.

8 **Die Ecken und Kanten** des Klotzes behutsam anschleifen. Dabei werden sie leicht abgeschrägt und die Klötze bekommen eine hübsche Vintage-Optik.

9 **Die Klötze** mit zwei oder mehr Schichten Kleber überziehen, um das Papier zu versiegeln. An den Kanten besonders sorgfältig arbeiten, damit sich das Papier dort nicht löst.

10 **Zum Schluss** die Bauklötze mit einigen Schichten mattem oder glänzendem Klarlack überziehen. Jede Schicht gut durchtrocknen lassen, bevor Sie die nächste auftragen.

GRÖSSE
Der Hund ist
etwa 15,5 cm
hoch.

Müder Klapper-Hund

Diese weiche Klapper können kleine Hände prima greifen. Wenn Ihnen ein hellwacher Hund besser gefällt, sticken Sie einfach ein anderes Gesicht auf.

MATERIAL ❀ Transparentpapier ❀ Bleistift ❀ Schere ❀ kleiner Stickrahmen ❀ 20 × 24 cm Stoff für den Körper ❀ Stickgarn in Marineblau ❀ Sticknadel ❀ 12 × 28 cm Stoff für die Ohren ❀ Stecknadeln ❀ Nähmaschine ❀ farblich passendes Nähgarn ❀ Bügeleisen ❀ Füllwatte ❀ waschbare Rassel mit weniger als 2,5 cm Durchmesser ❀ Nähnadel

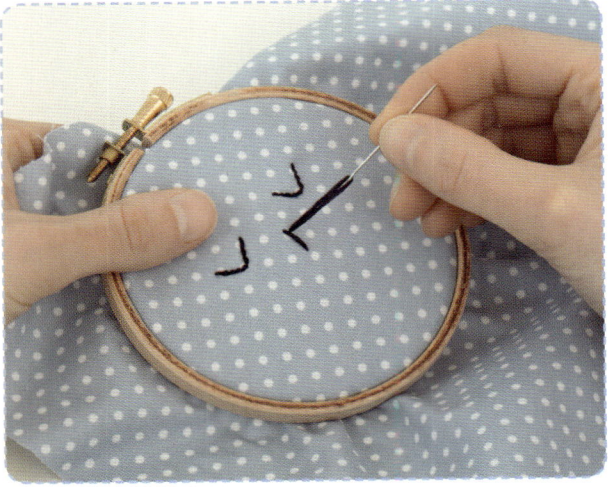

1 **Die Vorlagen** von Seite 236 auf Transparentpapier durchpausen und ausschneiden. Das sind Ihre Schnittmuster.

2 **Den Stoff für den Körper** in den Stickrahmen einspannen und das Gesicht aufsticken (siehe Seite 224–225). Ringsherum reichlich Stoff frei lassen. Sie können sich an der Vorlage auf Seite 236 orientieren oder selbst ein Gesicht entwerfen.

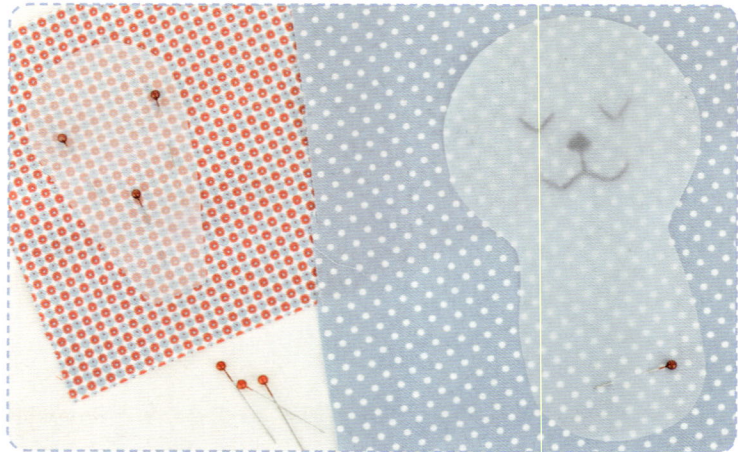 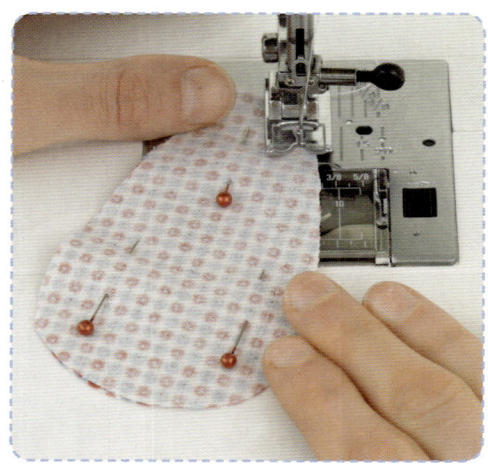

3 **Die Schnittmuster** auf die Stoffe stecken. Vier Ohren und zwei Körper zuschneiden. Für einen Körper das Schnittmuster so auflegen, dass das gestickte Gesicht in der Mitte des Kopfes sitzt (siehe Foto).

4 **Zwei Ohren** rechts auf rechts aufeinanderstecken und mit 5 mm Nahtzugabe zusammennähen. Nur die kurze, gerade Seite bleibt offen. Das andere Ohr ebenso nähen.

Stecknadelköpfe zeigen nach unten.

5 **Die Ohren** mit dem stumpfen Ende eines Bleistifts auf rechts wenden. Beide Ohren bügeln.

6 **Die Ohren** symmetrisch an die rechte Seite eines Körpers stecken. Genau an der Kante ausrichten und darauf achten, dass sie im gleichen Winkel stehen.

7 **Den zweiten Körper** rechts auf rechts akkurat daraufstecken und mit 5 mm Nahtzugabe zusammennähen. Dabei die Stecknadeln entfernen. An einer
geraden Kante eine 2,5 cm lange Öffnung lassen. Die
Nahtzugaben an den Rundungen einknipsen.

8 **Die Stecknadeln,** mit denen die Ohren fixiert sind,
vorsichtig aus dem Inneren herausziehen. Die Figur
mit Füllwatte ausstopfen und die Rassel in den Kopf
schieben. Sie soll gut in Füllwatte eingebettet sein.

9 **Die Öffnung** an der seitlichen Kante mit passendem
Nähgarn von Hand mit kleinen, unauffälligen Stichen
zunähen.

GRÖSSE
Der Durch-
messer der
Kugeln beträgt
etwa 7 cm.

Wollfilz- Kugeln

Die flauschigen Bälle werden nass gefilzt. Sie sind wunderbar leicht und weich – genau richtig für kleine Hände. Manche Hersteller bieten Filzwolle in Paketen mit mehreren, aufeinander abgestimmten Farben an. Sie können die Farben natürlich auch selbst zusammenstellen.

MATERIAL ❀ Filzwolle (Merino), ca. 50 g pro Kugel
❀ Geschirrspülmittel ❀ mittlere bis große Schüssel ❀ Filznadel (nach Belieben)
❀ kleine Reste Filzwolle in Kontrastfarben (nach Belieben)

Kleine Portionen Wolle abzupfen.

Kleine Kugel aus Wolle formen.

1 **Etwas Spülmittel** in eine Schüssel mit heißem Wasser geben und beiseitestellen. Dieses Seifenwasser soll gerade so weit abkühlen, dass Sie die Finger hineinhalten können. Inzwischen das Ende des Wollstrangs suchen und kleine Portionen von der Wolle abzupfen.

2 **Ein Wollbüschel** zu einer kleinen Kugel rollen. Ein zweites fest darumwickeln und dabei die Laufrichtung der Fasern ändern. Zwei- oder dreimal wiederholen, bis eine kleine, glatte Kugel entstanden ist.

5 **Ein neues Faserbüschel** um die Kugel wickeln, dann wie in Schritt 3 und 4 filzen. Mehrmals wiederholen, dabei jedes Mal die Faserrichtung wechseln. Je größer die Kugel wird, desto längere Faserbüschel brauchen Sie. Falls nötig, mehr Spülmittel verwenden.

3 **Einen Tropfen Spülmittel** in die linke Hand geben. Mit der rechten Hand die Wollkugel ins heiße Seifenwasser tauchen und gut durchfeuchten. Die Fasern dürfen sich nicht lösen.

4 **Die Kugel** einige Minuten lang mit leichtem Druck zwischen den Händen rollen. Wenn sie sich fest anfühlt, sind die Fasern miteinander verfilzt.

Filznadel

6 **Wenn die Kugel** eine Größe von etwa 7 bis 8 cm hat, das Spülmittel unter warmem Wasser ausspülen. Die Kugel muss so groß sein, dass ein Baby sie auf keinen Fall verschlucken kann. Zum Trocknen die Kugel auf eine unempfindliche Fläche legen, weil die Wolle abfärben kann.

7 **Die trockene Kugel** kann mit Wollfasern in anderen Farben verziert werden. Die Fasern auf die Kugel legen und viele Male mit der Filznadel hineinstechen, um sie mit denen der Kugel zu verbinden. Weitere Fasern auflegen und ebenso filzen, bis das gewünschte Muster fertig ist.

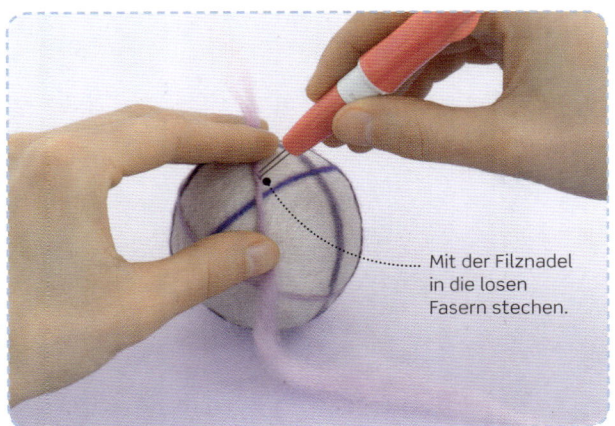

Mit der Filznadel
in die losen
Fasern stechen.

Für einen schmalen Streifen ein langes, dünnes Faser-bündel locker zwirbeln und auf die Kugel legen. Dann Stück für Stück mit der Filznadel in die Oberfläche der Kugel einarbeiten. Diese Verzierungen müssen sorgfältig befestigt werden, damit das Baby sie nicht abzupfen kann.

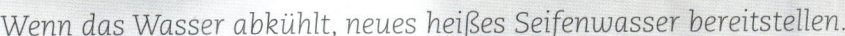

TIPP   *Wenn das Wasser abkühlt, neues heißes Seifenwasser bereitstellen.*

Kunterbunte Stapelringe

Stapelringe schulen die Koordinationsfähigkeit Ihres Babys. Die weichen Filzringe in allen Regenbogenfarben haben vereinfachte Formen aus der Natur. Wer möchte, kann sie noch mit Stickerei verzieren. Auf Seite 224–225 werden einige Zierstiche genauer erklärt.

MATERIAL ✿ Transparentpapier ✿ Filzstift ✿ Schere
✿ Filz in Hellblau, Dunkelblau, Gelb, Rot, Schwarz, Orange, Violett, Dunkelgrün und Grasgrün
✿ Stecknadeln ✿ Sticknadel ✿ Stickgarn in den Farben des Filzes
✿ Füllwatte ✿ Bleistift ✿ Lineal

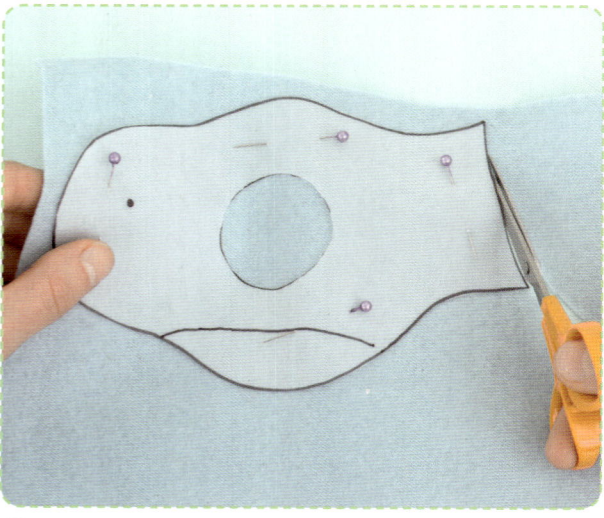

1 Die Vorlagen von Seite 244 auf das Transparentpapier durchpausen und ausschneiden. Das sind die Schnittmuster.

2 Die Schnittmuster auf den Filz in den angegebenen Farben stecken, dann die Teile aus Filz zuschneiden.

3 **Details mit Stickgarn** aufnähen: den Bauch auf ein Vogelteil, Kopf, Flügel und Punkte auf ein rotes Marienkäferteil, die orangefarbene Sonne auf eine gelbe Scheibe und den gelben Ring auf eine violette Blume.

4 **Kleinere Einzelheiten** entsprechend den Vorlagen auf die Körper sticken: die Augen auf den Marienkäfer, die Adern auf das Blatt, Auge und angedeutete Schwanzfedern auf den blauen Filzvogel.

5 **Jeweils zwei** zusammengehörige Teile links auf links zusammenstecken und die Kanten des Lochs in der Mitte mit Langettenstichen (Seite 224) und passendem oder kontrastfarbigem Garn zusammennähen.

Den Schnabel zwischen die Lagen schieben und festnähen.

6 **Die Stecknadeln** noch nicht entfernen. Auch die äußeren Kanten mit Langettenstich zusammennähen, aber eine Öffnung zum Ausstopfen lassen. Den Schnabel des Vogels und den Stiel des Blatts zwischen die Filzlagen schieben und mit Vorstich festnähen.

7 **Die Formen** mit Füllwatte ausstopfen. Mit einem stumpfen Bleistift nachschieben, bis die Füllwatte gleichmäßig um das Mittelloch verteilt ist.

8 **Die Öffnungen** nach dem Ausstopfen mit Langettenstich zunähen. Damit sind die fünf Stapelringe fertig.

9 **Für den Fuß** auf grasgrünem Filz zwei Quadrate von 14 × 14 cm und vier Rechtecke von 14 × 5 cm anzeichnen und ausschneiden.

10 **Die Seiten des Pfostens** mit Langettenstich zusammennähen, unten bleibt er offen. Fest mit Füllwatte ausstopfen. Den Pfosten mittig auf eins der grünen Quadrate setzen und festnähen. Hervorquellende Füllwatte in den Pfosten schieben. Dies ist das Oberteil des Sockels.

11 **An jede Seite** dieses Oberteils mit Langettenstich und kontrastfarbigem Garn die Längsseite eines kleinen Rechtecks nähen. Drei Rechteck-Paare an den Schmalseiten zusammennähen, eine Seite bleibt offen. Das andere Filzquadrat (den Boden) an die freien Kanten der Seitenteile nähen.

12 **Den Sockel** durch die Öffnung in der Seitennaht mit Füllwatte ausstopfen. Danach diese Seitennaht mit Langettenstich schließen.

Bilderbuch aus Stoff

Ein Stoffbilderbuch ist babyfreundlich. Es ist schön weich, kann gewaschen werden und hält eine Menge aus. Erfinden Sie beim gemeinsamen Anschauen Geschichten zu den Tiermotiven oder lassen Sie ein größeres Kind selbst etwas über die Tiere erzählen.

MATERIAL ✿ 69 × 46 cm Stoff in Hellblau für die Seiten ✿ Lineal ✿ Schneiderkreide ✿ Schere ✿ Transparentpapier ✿ Filzstift ✿ Stecknadeln ✿ Stoffreste in verschiedenen Farben und Mustern für Motive und Rücken ✿ Nähmaschine mit Zickzackstich ✿ passendes Nähgarn ✿ Sticknadel ✿ Stickgarn in Schwarz, Rosa und Blau ✿ Bügeleisen

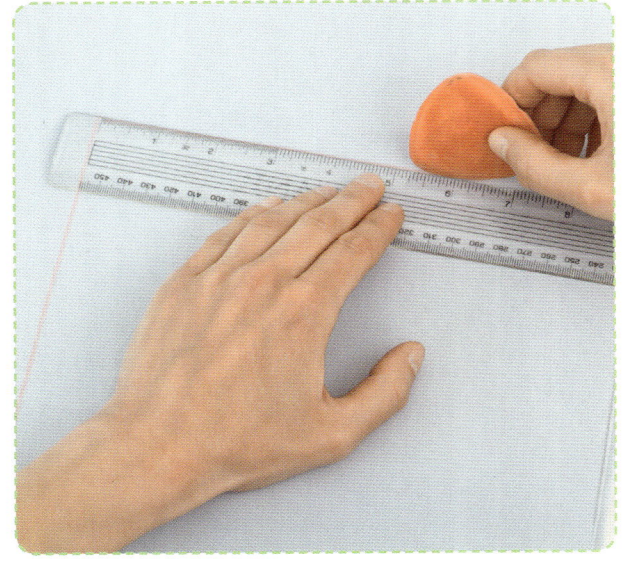

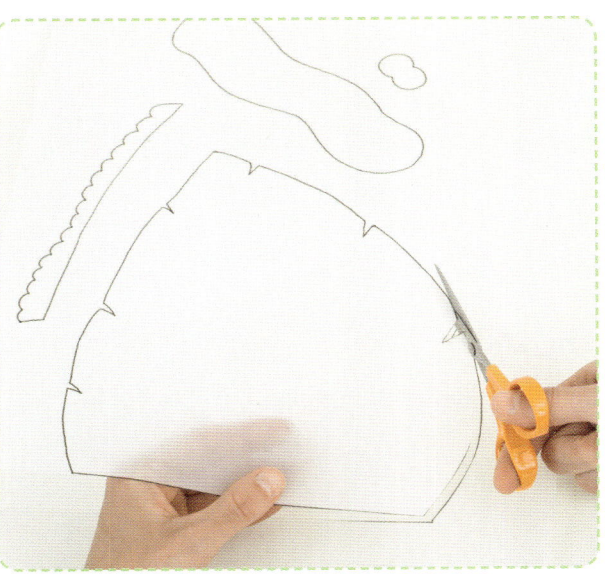

1 **Mit Lineal, Schneiderkreide und Schere** für jede der sechs Seiten des Buchs ein Quadrat von 23 × 23 cm auf dem Stoff anzeichnen und zuschneiden.

2 **Die Vorlagen** von Seite 248 auf Transparentpapier kopieren und ausschneiden. Das sind Ihre Schnittmuster.

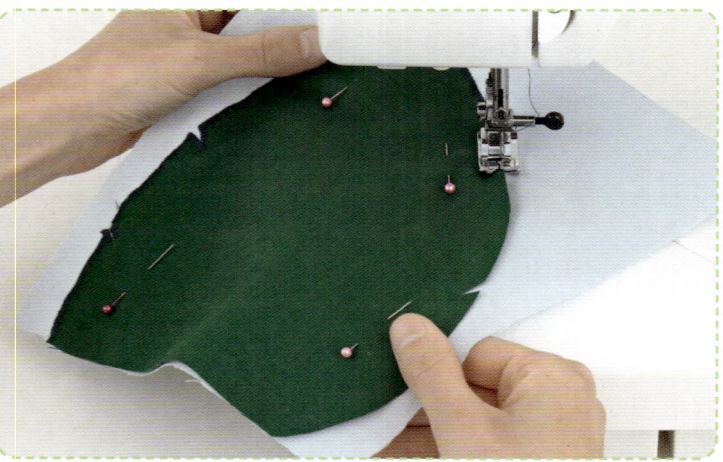

3 **Die Schnittmusterteile** entsprechend den Angaben auf die richtigen Stoffe stecken und die Stoffe zuschneiden.

4 **Auf jede Seite** das erste Stoffteil stecken (die Teile sind auf den Vorlagen nummeriert). Passendes Nähgarn in die Maschine einfädeln und einen breiten Zickzackstich mit Stichlänge 0–1 einstellen. Über die Kante des Motivteils steppen, um es auf die Seite zu applizieren.

5 **Das zweite Motivteil** feststecken und mit passendem Garn ebenso applizieren. Mit den weiteren Teilen wiederholen, dabei die Reihenfolge beachten.

6 **Wenn alle Teile** appliziert sind, werden die Details mit Stickgarn und Sticknadel gemäß den Vorlagen aufgestickt. Nähgarn in Rosa in die Maschine einfädeln und mit engem, breitem Zickzackstich die Linien auf den Hasenohren und das Froschmaul steppen.

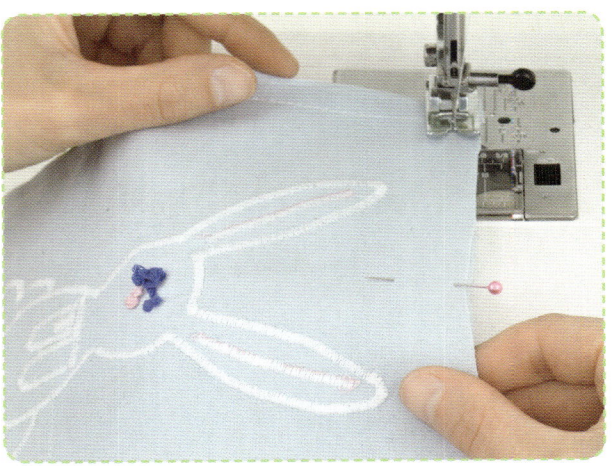

7 **Die fertigen Seiten** in der Reihenfolge anordnen, in der sie im Buch erscheinen sollen. Seite 1 ist das Titelbild, Seite 2 und 3 stehen einander gegenüber, ebenso stehen Seite 4 und 5 einander gegenüber. Seite 6 bildet die Rückseite des Buchs. Alle Stoffseiten bügeln.

8 **Alle Seiten** auf eine Größe von 21 × 21 cm zuschneiden. Seite 1 und 2 rechts auf rechts aufeinander legen, dabei kein Motiv auf den Kopf drehen. Mit 1 cm Nahtzugabe und Geradstich in normaler Stichlänge an drei Seiten zusammennähen. Die Seite, die im Buchrücken gefasst wird, bleibt offen. Seite 3 und 4 und Seite 5 und 6 ebenso zusammennähen.

9 **Die Nahtzugaben** an allen Ecken schräg abschneiden, aber dabei nicht die Nähte beschädigen. Alle Seiten auf rechts wenden und bügeln.

10 **Für den Rücken** einen Stoffstreifen von 21 × 8 cm zuschneiden. Die Schmalseiten 1 cm breit nach links umschlagen und mit Geradstich feststeppen.

Den Stapel Seiten in den gefalteten Rücken schieben.

11 **Beide Längsseiten** 1 cm breit nach links umbügeln. Dann den Streifen längs zur Hälfte falten und bügeln. Die Buchseiten aufeinanderstapeln, die Motive nicht verdrehen. Die offenen Kanten der Seiten liegen aufeinander. Sie werden in den Rücken geschoben.

12 **Den Rücken** so feststecken, dass die unversäuberten Kanten der Seiten verdeckt sind. Ober- und Unterkanten von Seiten und Rücken müssen miteinander abschließen.

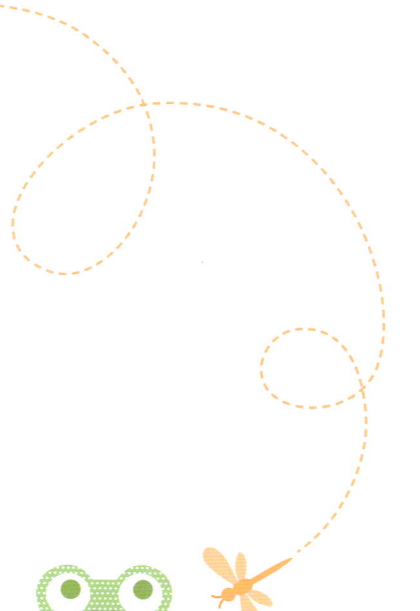

13 **Mit Geradstich** den Rücken knappkantig feststeppen. Dabei werden alle Buchseiten und auch die eingeschlagene, unten liegende Längskante des Rückens mitgefasst.

Sternenhimmel-Wickeldecke

siehe Seite 66–69

*Kuschel-*Krake

Der niedliche Tintenfisch ist nicht nur ein hübscher Anblick, sondern auch ein weicher Spielkamerad. Wenn Sie möchten, können Sie in jeden Arm ein kleines Extra einnähen, das Geräusche macht.

MATERIAL ✿ Transparentpapier ✿ Filzstift ✿ Schere ✿ 30,5 × 40,5 cm Stoff für den Körper ✿ 16 verschiedene Stoffreste für die Arme, je 8 × 18 cm ✿ 18 × 18 cm Stoff für den Boden ✿ Bügelvlies (nach Belieben) ✿ Stecknadeln ✿ Nähmaschine ✿ passendes Nähgarn ✿ Nähnadel ✿ Füllwatte ✿ Bügeleisen ✿ Sticknadel ✿ Stickgarn in Marineblau und Weiß

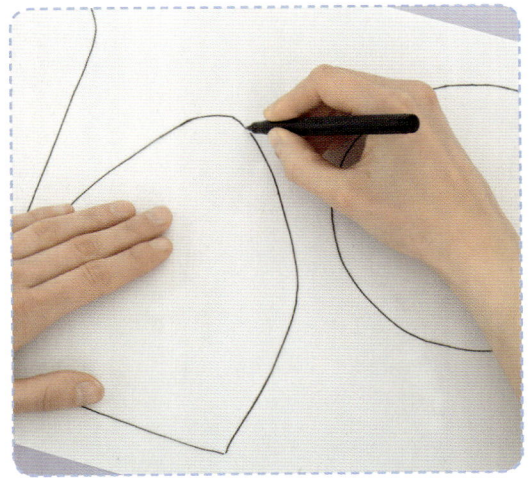 

1 **Die Vorlagen** von Seite 237 auf Transparentpapier übertragen und ausschneiden. Das sind Ihre Schnittmuster.

2 **Die Schnittmuster** auf die Stoffe stecken und zuschneiden. Leichte Stoffe können vor dem Zuschneiden mit Bügeleinlage verstärkt werden. Sie brauchen vier Körper aus demselben Stoff, einen runden Boden in Kontrastfarbe und 16 Fangarm-Teile. Bei unserem Kraken haben die Fangarme Oberseiten aus verschiedenen Stoffen. Alle Unterseiten wurden aus demselben Stoff zugeschnitten.

3 **Zwei Körperteile** rechts auf rechts aufeinanderlegen. Die rechte Kante stecken und mit 5 mm Nahtzugabe von oben nach unten steppen. Die andere Seite und die Unterkante bleiben offen.

4 **Das genähte Teil aufklappen.** Ein weiteres Körperteil rechts auf rechts an die freie rechte Kante stecken. Festnähen, dabei das andere Körperteil nicht mitfassen. Das vierte Körperteil ebenso festnähen.

5 **Die beiden freien Kanten** rechts auf rechts zusammenstecken und von oben nach unten steppen. Diese Kegelform ohne Boden bildet den Körper des Tintenfischs.

6 **Mit Nähnadel und Faden** die Stelle, an der die vier Körperteile oben zusammentreffen, mit einigen kleinen Stichen zunähen. Dies ist wichtig, damit dort keine Lücke entsteht und damit die Teile gut zusammenhalten. Den Körper vorerst beiseitelegen.

7 **Ober- und Unterseite eines Fangarms** rechts auf rechts aufeinanderlegen und stecken.

8 **An drei Seiten mit 5 mm Nahtzugabe** steppen. Die gerade Schmalseite bleibt offen. Die Nahtzugaben an den Rundungen in kurzen Abständen vorsichtig einschneiden.

9 **Den Fangarm wenden,** bügeln und durch die Öffnung mit Füllwatte ausstopfen. Die Watte bis zur Spitze des Arms schieben, damit er sich leichter einnähen lässt. Die anderen sieben Arme ebenso vorbereiten (Schritt 7–9 wiederholen).

10 **Die offene Kante** eines Arms an den Rand des Bodens stecken. Die Unterseite des Arms zeigt zur rechten Seite des Stoffs. Mit 1 cm Nahtzugabe feststeppen. Die anderen Fangarme ebenso befestigen, dabei im Uhrzeigersinn vorgehen und Lücken zwischen den Fangarmen vermeiden.

11 **Wenn alle Fangarme** angenäht sind, die Nahtzugaben entlang der Rundung einschneiden. Dabei nicht die Nähte beschädigen.

12 **Der Körper** ist noch auf links gedreht. Alle acht Fangarme zusammenraffen und in den Körper schieben. Die linke Stoffseite des Bodens muss nach außen zur unteren Öffnung des Körpers zeigen.

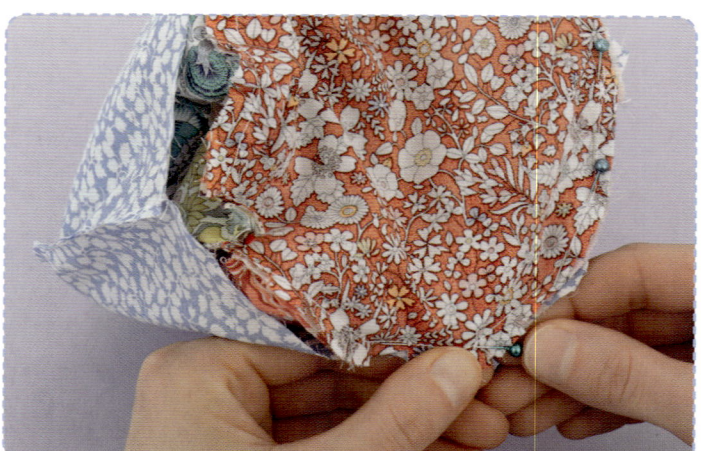 

13 **Die Unterkante** des Körpers rechts auf rechts an den äußeren Rand des Bodens stecken. Die Abstände der Nadeln müssen recht eng sein. Der Boden muss glatt an den Körper anschließen. Stellen, an denen das nicht der Fall ist, neu stecken. Weil die Nahtzugaben in Schritt 11 eingeschnitten wurden, lässt sich der Boden leichter glatt anlegen.

14 **Die gesteckten Kanten** mit 1,5 cm Nahtzugabe zusammennähen, aber eine Öffnung von etwa anderthalb Armbreiten zum Wenden und Ausstopfen lassen. Alle Stecknadeln gewissenhaft entfernen. Die Nahtzugaben an der Rundung einknipsen.

15 **Den Tintenfisch wenden.** Dazu zuerst die Fangarme durch die Öffnung ziehen, dann den Körper
auf rechts drehen.

16 **Den Körper** fest mit Füllwatte ausstopfen. Danach
die Öffnung von Hand zunähen.

17 **Schwarzes Stickgarn in eine Sticknadel** einfädeln. Zwei Augen und
einen Mund im Plattstich und Rückstich (siehe Seite 224–225) auf den
Körper sticken.

Blumen-
Schmetterling

Hängen Sie den hübschen Schmetterling in Blickweite ans Kinderwagenverdeck oder an den Autokindersitz. Gemusterte Stoffe in fröhlich-bunten Farben mögen Babys besonders gern.

MATERIAL ❁ Transparentpapier ❁ Bleistift oder Filzstift
❁ Schere ❁ 14 × 18 cm Stoff für den Körper ❁ 22 × 42 cm Stoff für die Flügel
❁ 56 × 22 cm Bügelvlies ❁ Bügeleisen ❁ Stecknadeln ❁ Nähmaschine ❁ passendes Nähgarn
❁ 21 × 21 cm Zellophan ❁ schwarzes Stickgarn ❁ Sticknadel
❁ 30 cm Band, 5 mm breit ❁ Füllwatte ❁ Nähnadel

1 **Die Vorlagen** von Seite 236 auf das Transparentpapier durchpausen und ausschneiden. Das sind Ihre Schnittmuster.

2 **Das Bügelvlies** mit der beschichteten (glänzenden) Seite nach unten auf die linke Seite der Stoffe legen und aufbügeln. Bitte die Temperaturhinweise des Vliesherstellers beachten.

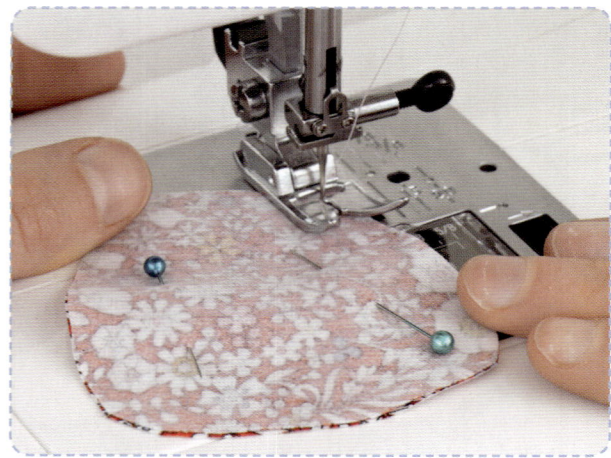

3 **Die Schnittmuster** auf die Stoffe stecken und die Teile zuschneiden. Sie brauchen zwei Körper und acht Flügel. Davon müssen vier seitenverkehrt zugeschnitten werden, um vier Paare zu erhalten.

4 **Zwei Flügel** rechts auf rechts zusammenstecken. Die gerade Kante bleibt offen. Die restliche Kante mit 5 mm Nahtzugabe zusammennähen. Die Nahtzugabe an der Rundung einknipsen. Auf rechts wenden und bügeln.

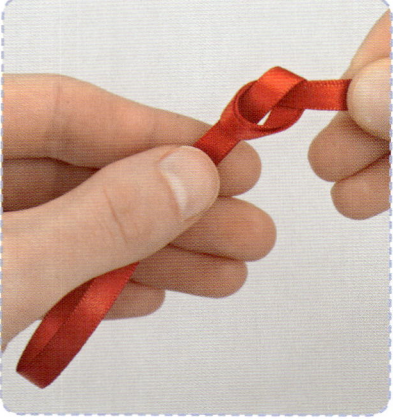

5 **Ein Stück Zellophan** in der Größe des Flügels zuschneiden und durch die Öffnung flach hineinschieben. Es lässt die Flügel kraus aussehen und rascheln. Schritt 4 und 5 für alle Flügel wiederholen.

6 **Mit Stickgarn** zwei Augen im Knötchenstich (siehe Seite 224) auf jeden Körper sticken. Orientieren Sie sich dabei am großen Foto auf Seite 130.

7 **Das Band** zur Hälfte falten und die Enden verknoten. Für die Fühler zwei Stücke Stickgarn von je 13 cm Länge zuschneiden, doppelt legen und in die Enden mehrere Knoten übereinander binden. Ins andere Ende einen Knoten binden.

Dicke Knoten, die nicht durch ·········
die Naht rutschen können

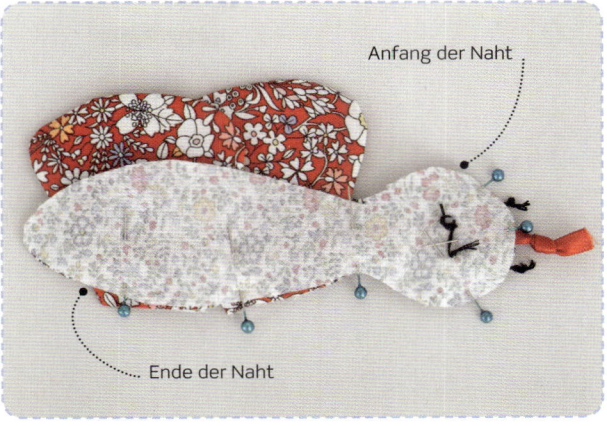

Anfang der Naht

········· Ende der Naht

8 **Einen Körper** ausbreiten (rechte Seite oben), zwei Flügel darauflegen und an der Kante etwas überstehen lassen. Die Richtung der Flügel ist auf der Vorlage eingezeichnet. Das Band in die Mitte des Kopfes legen, der Knoten steht oben über. Die Fühler rechts und links auf den Kopf legen, die großen Knoten stehen oben über (siehe Foto).

9 **Den zweiten Körper** rechts auf rechts darauflegen und an einer Längsseite feststecken. Nur die markierte Naht mit 5 mm Nahtzugabe steppen. Band und Fühler mit einigen Rückstichen zusätzlich sichern. Die Stecknadeln während des Nähens entfernen.

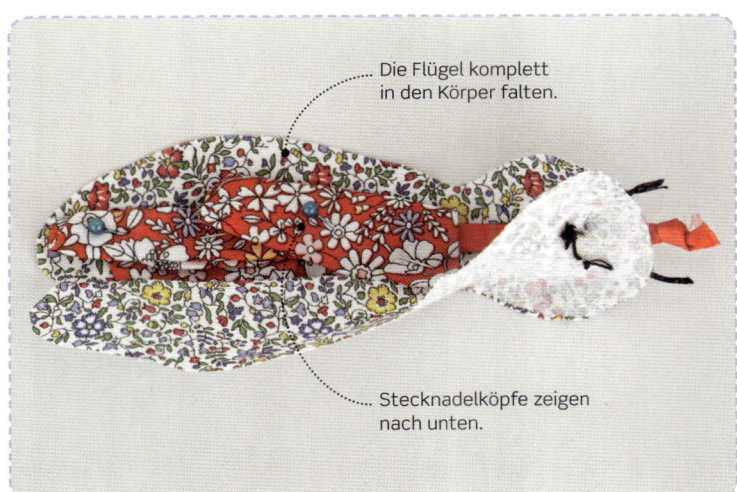

Die Flügel komplett
in den Körper falten.

Stecknadelköpfe zeigen
nach unten.

10 **Die Flügel** so falten, dass sie ganz im Körper liegen, und feststecken. Die Nadelköpfe zeigen nach unten, damit sie sich später leicht entfernen lassen.

11 **Die anderen Flügel** zweimal falten und die Lagen zusammenstecken.

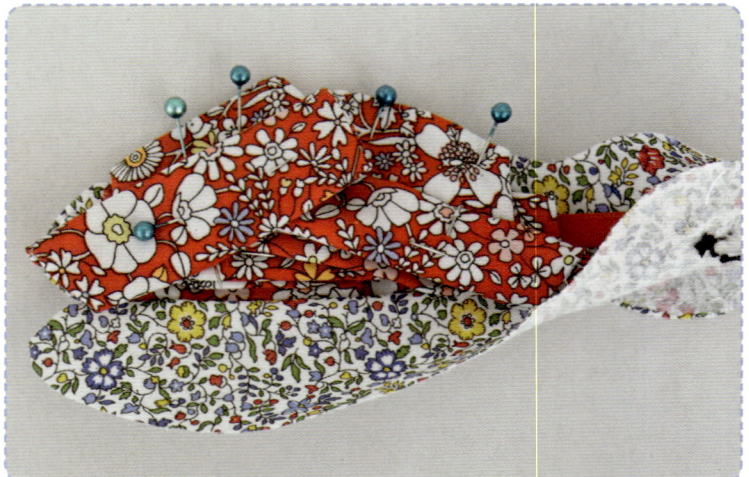

12 **Diese Flügel** an die andere Seite des Körpers anlegen. Die Richtung ist auf der Vorlage eingezeichnet. Die unversäuberten Kanten stehen leicht über die Kanten des Körpers hinaus. Feststecken. Alle Nadeln im Inneren müssen zum Schwanzende des Schmetterlings zeigen.

13 **Den zweiten Körper** über alle Flügel legen, die Kanten ausrichten und stecken. Das ist eventuell einfacher, wenn Sie die Stecknadeln etwas biegen.

14 **Entlang der gesteckten Kante** mit 5 mm Nahtzugabe bis zum Anfang der Naht aus Schritt 9 steppen. Dabei dürfen die innen zusammengefalteten Flügel nicht mitgefasst werden.

15 **Die Stecknadeln** aus dem Inneren herausziehen, dann den Körper wenden. Lauwarm bügeln, damit das Zellophan nicht schmilzt. Den Körper mit Füllwatte ausstopfen und die Öffnung von Hand mit kleinen Stichen schließen. Zum Schluss kontrollieren, ob Band und Fühler wirklich fest sitzen.

*Schlenker-*Maus

Dieser charmanten Maus mit den schlenkernden Armen und Beinen und den großen Ohren kann kein Kind widerstehen. Nähen Sie die Maus aus robustem Baumwollstoff, der auch stürmische Zärtlichkeit verkraftet.

MATERIAL ❀ Transparentpapier ❀ Filzstift ❀ Schere ❀ Stecknadeln ❀ 26,5 × 42 cm Stoff für den Körper ❀ 61 × 42 cm Stoff für Kopf und Extremitäten ❀ 28 × 20 cm Stoff für Details ❀ Bleistift ❀ Nähmaschine ❀ passendes Nähgarn ❀ Füllwatte ❀ dünner Pinsel oder Essstäbchen ❀ Bügeleisen ❀ Nähnadel ❀ Sticknadel ❀ Stickgarn in Weiß und Marine

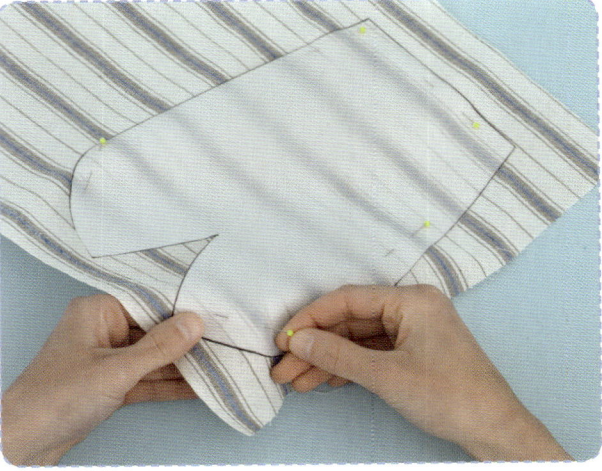

1 Die Vorlagen von Seite 245 auf Transparentpapier übertragen und ausschneiden. Das sind Ihre Schnittmuster.

2 Die Schnittmuster entsprechend den Angaben auf den Vorlagen auf die Stoffe stecken und zuschneiden. Aus dem Stoff für Details zwei Kreise mit 5 cm Durchmesser und einen Streifen von 4 × 21,5 cm zuschneiden. Aus dem Stoff für die Extremitäten zwei Rechtecke von 18 × 16,5 cm für die Beine zuschneiden.

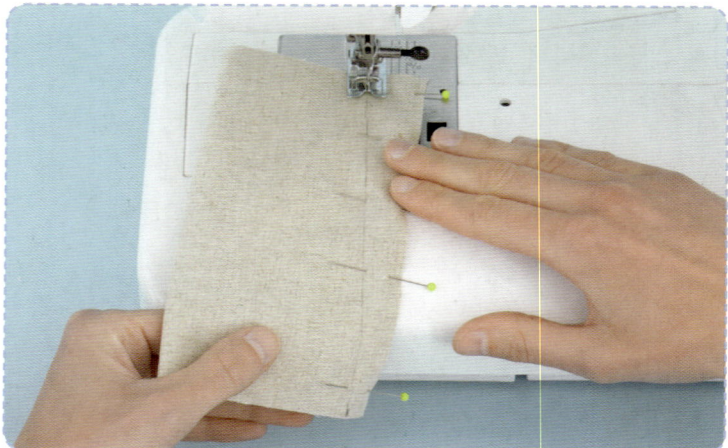

3 **Eins der Rechtecke** von 18 × 16,5 cm (Bein) rechts auf rechts längs zur Hälfte falten. Die Kanten ausrichten und stecken. Eine schräge Linie anzeichnen, die in 1 cm Abstand zu den unversäuberten Kanten beginnt und in 5 mm Abstand zu ihnen endet. Auf der Linie steppen, dann die Nahtzugabe auf 5 mm zurückschneiden.

4 **Einen der 5 cm großen Kreise** rechts auf rechts in die größere Öffnung des Beins stecken.

5 **Den Kreis** mit 5 mm Nahtzugabe einnähen. Bei Bedarf den Nähfuß anheben, um den Stoff zu drehen. Alle Stecknadeln während des Nähens entfernen.

6 **Die Nahtzugaben** an der Rundung einschneiden, das Bein auf rechts wenden und locker mit Füllwatte ausstopfen. Das obere Ende des Beins zustecken, dabei die Längsnaht so drehen, dass sie hinten sitzt. Mit 5 mm Nahtzugabe zunähen. Das andere Bein ebenso vorbereiten (Schritt 3–6 wiederholen).

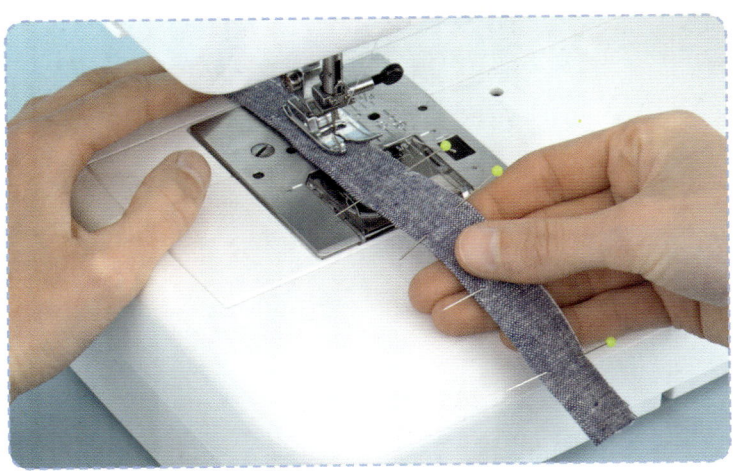

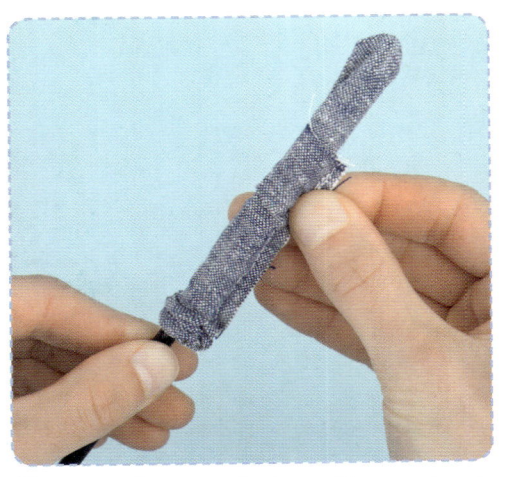

7 **Den Streifen von 4 × 21,5 cm** (Schwanz) der Länge nach zur Hälfte falten und stecken. Eine Schmalseite und die Längsseite mit 1 cm Nahtzugabe steppen, die andere Schmalseite offen lassen.

8 **Den Schwanz** mit einem dünnen, stumpfen Werkzeug (z. B. Pinselstiel oder Essstäbchen) auf rechts wenden und bügeln.

9 **Ein Körperteil ausbreiten,** rechte Stoffseite oben. Das unversäuberte Schwanzende an die Spitze des Abnähers legen. Das Körperteil rechts auf rechts falten. Der Schwanz liegt zwischen den Stofflagen. Den Abnäher stecken, dabei den Schwanz mitfassen.

10 **Den Abnäher** mit 5 mm Nahtzugabe steppen. Dabei der Rundung des Stoffs folgen und auf dem Stoff mehrmals vor und zurück nähen, damit er sicher hält. Dies ist das Rückenteil des Körpers. Den Abnäher am Vorderteil ebenso nähen.

Beinnaht zeigt
zum Körper.

11 **Zwei Armteile** rechts auf rechts legen und stecken. Mit 5 mm Nahtzugabe zusammennähen, aber die gerade Schmalseite offen lassen. Nahtzugaben einknipsen, den Arm auf rechts wenden und locker mit Füllwatte ausstopfen. Die offene Kante zustecken und mit 5 mm Nahtzugabe zunähen. Den zweiten Arm ebenso vorbereiten.

12 **Das Rückenteil der Maus** ausbreiten, rechte Seite nach oben, Schwanz hochgeklappt. Ein Bein wie auf dem Foto an der Unterkante feststecken. Die Beinnaht liegt unten, damit sie später zum Rücken zeigt. Die Kante des Beins mit 5 mm Nahtzugabe an die Kante des Rückenteils steppen.

Beide Arme und
Beine liegen innen.

Entlang der
gesteckten
Kanten
zusammennähen.

13 **Das zweite Bein** ebenso annähen, dann die Arme befestigen. Arme und Beine sind jetzt an das Rückenteil der Maus genäht. Alle Extremitäten nach innen klappen. Sie liegen nun auf dem Rückenteil.

14 **Das Vorderteil der Maus** (rechte Stoffseite nach unten) auf das Rückenteil mit Armen und Beinen legen. Die Kanten ausrichten und stecken. Mit 1 cm Nahtzugabe zusammennähen. Die gerade Oberkante bleibt offen.

15 **Die Nahtzugabe** an den Rundungen einschneiden, dann den Körper durch die obere Öffnung auf rechts wenden.

16 **Die Teile für das Gesicht** rechts auf rechts zusammenstecken und nur die Rundung mit 1 cm Nahtzugabe nähen. Die Nahtzugabe einschneiden und das Gesicht auf rechts wenden.

17 **Zwei Ohrenteile** (je eins aus Extremitäten-Stoff und eins aus Detail-Stoff) rechts auf rechts zusammenstecken und mit 5 mm Nahtzugabe nur entlang der Rundung steppen. Die Nahtzugabe einknipsen, das Ohr auf rechts wenden und bügeln. Das andere Ohr ebenso vorbereiten.

18 **Am rechten Rand** der Unterkante des linken Ohrs und am linken Rand der Unterkante des rechten Ohrs je eine 5 mm tiefe Falte einlegen. Nach dem Festnähen der Ohren liegen diese auf dem Oberkopf der Maus. Die Fältchen mit einigen Stichen fixieren. Die Ohren an die Seiten des Kopfes stecken und mit 5 mm Nahtzugabe feststeppen.

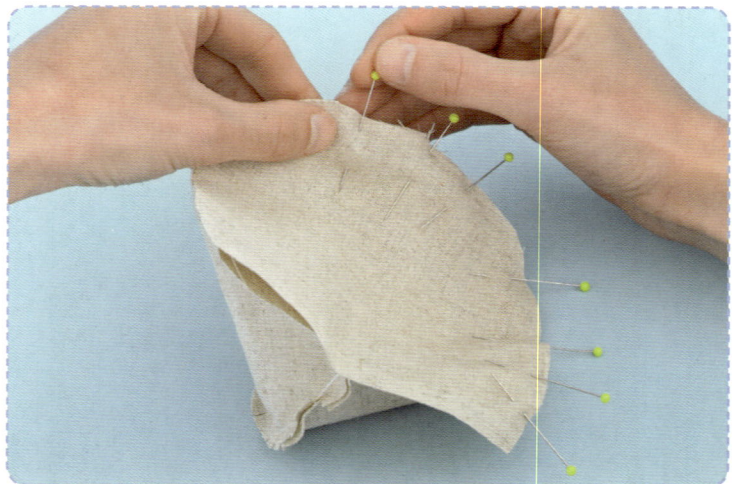

19 **Das Gesicht** auf links wenden, die Ohren liegen innen. Den Hinterkopf entlang der gerundeten Kanten rechts auf rechts ans Gesicht stecken. Die Rundung mit 1 cm Nahtzugabe steppen. Die untere, gerade Kante bleibt offen: Das ist der Hals. Die Nahtzugabe an der Rundung einknipsen, dann den Kopf auf rechts wenden.

20 **Die Vorderkante des Halses** rechts auf rechts an die Vorderkante des Körpers stecken. Die gesteckte Kante mit 1 cm Nahtzugabe steppen.

21 **Kopf und Körper der Maus** mit Füllwatte ausstopfen. Die Stoffkanten am hinteren Hals und am Rücken 1 cm nach innen einschlagen und von Hand mit unauffälligen Stichen sorgfältig zunähen. In engen Abständen in beide Stoffkanten einstechen.

22 **Das Gesicht** mit Stickgarn in Weiß und Marineblau aufsticken (siehe Seite 224–225). Zum Schluss einen Knoten ins Schwanzende binden.

Safari-Fingerpuppen

Unternehmen Sie mit dem Baby eine Fantasiereise nach Afrika, bei der diese witzigen Fingerpuppen von wilden Tieren erzählen. Sie können die Schablone auch für andere Tiere nach eigener Wahl benutzen.

MATERIAL ✿ Transparentpapier ✿ Filzstift ✿ Schere ✿ Stecknadeln
✿ Filzreste in Hellblau, Rosa, Weiß, Schwarz, Dunkelgrün, Braun und Gelb
✿ Nähnadel ✿ passendes Nähgarn

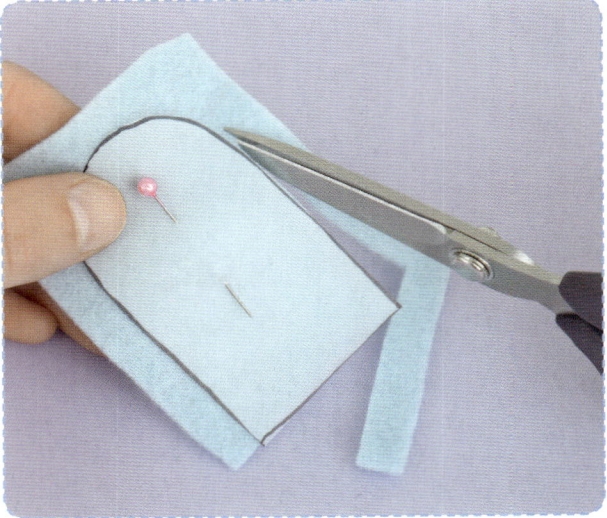

1 **Zuerst die Vorlagen** von Seite 243 auf das Transparentpapier übertragen und ausschneiden. Das sind Ihre Schnittmuster.

2 **Die Schnittmuster** entsprechend den Angaben auf den Vorlagen auf den richtigen Filz stecken und zuschneiden. Die Grundform ist für alle vier Tierfiguren gleich. Sie brauchen für jede Figur zwei Köpfe.

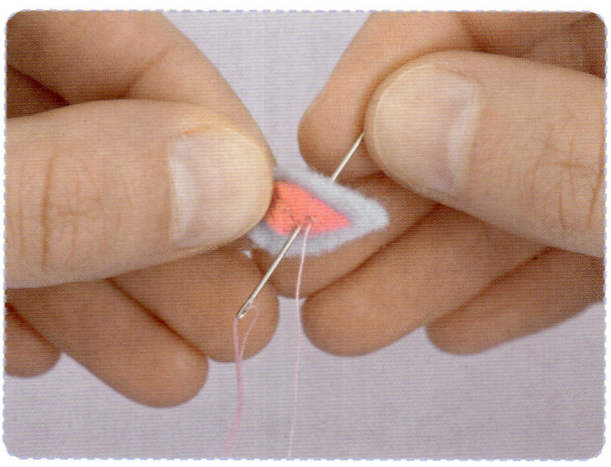

3 **Mit einer Nähnadel** und passendem Nähgarn jeweils auf ein Kopfteil die Kleinteile des Gesichts nähen. Nasenlöcher und Zähne des Flusspferds auf seine Schnauze nähen, Zähne des Krokodils auf den Kopf, Nase und Streifen des Zebras auf den Kopf.

4 **Für jedes Einzelteil** Nähgarn in einer passenden Farbe verwenden. Die rosa Ohr-Innenseiten von Zebra und Flusspferd ebenfalls aufnähen.

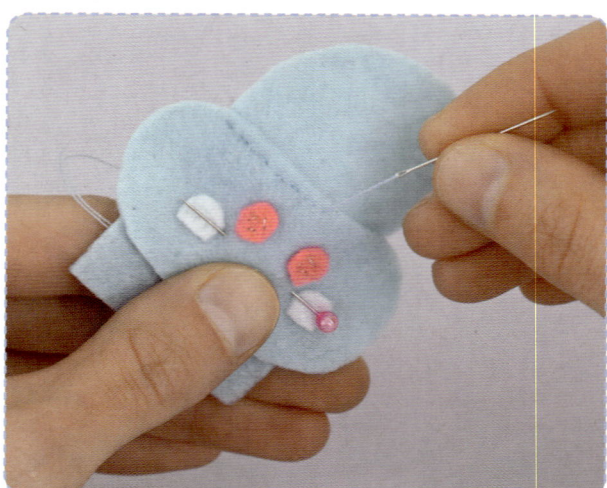

5 **Nun die größeren Gesichtsteile** auf die Köpfe stecken und festnähen. Die Schnauze des Flusspferds nur entlang der Ober- und Unterkante festnähen, die Löwenmähne nur entlang ihrer inneren Kante. Auch die Ohren des Zebras festnähen.

6 **Anschließend die kleinsten Details** auf die Gesichter sticken. Orientieren Sie sich dabei am großen Foto auf Seite 144. Jedes Tier bekommt zwei Augen, das Krokodil außerdem Nasenlöcher und der Löwe ein ganzes Gesicht.

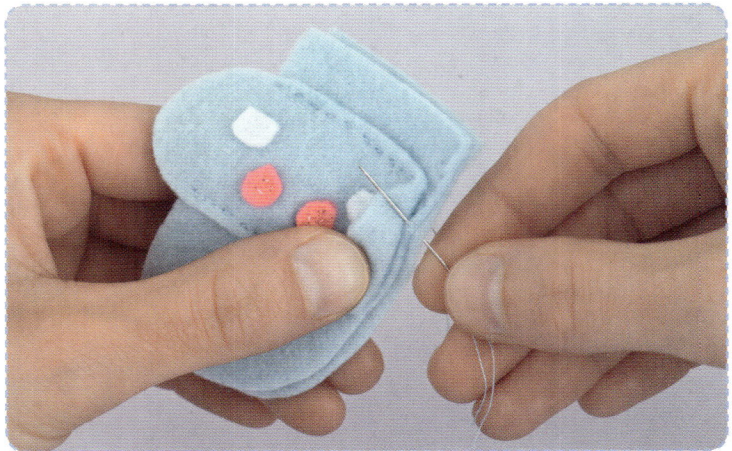

7 **Die Enden der Nähfäden** auf den Rückseiten aller Teile abschneiden.

8 **Jedes Tiergesicht auf** das dazugehörige zweite Kopfteil legen. Die Kanten genau ausrichten und die Teile mit passendem Nähgarn zusammennähen. An einer unteren Ecke beginnen. Die Schnauze des Flusspferds und die Löwenmähne etwas anheben, damit sie nicht versehentlich festgenäht werden.

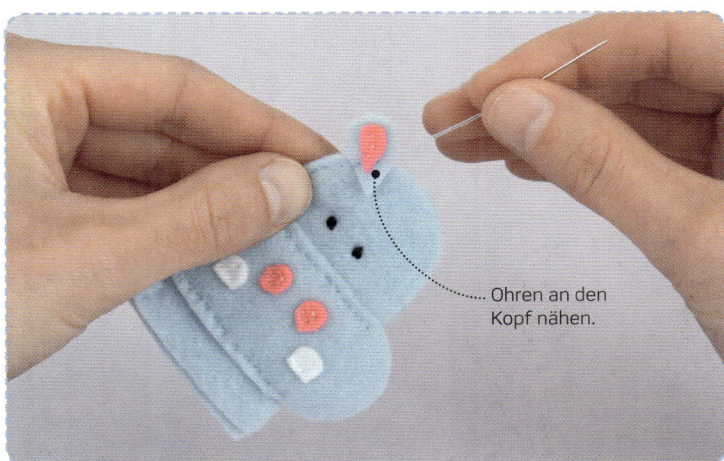

···· Ohren an den Kopf nähen.

9 **Die Köpfe** weiter zusammennähen. Dabei die Ohren des Flusspferds befestigen. Die Mähne des Zebras zwischen die Kopfteile schieben und in der Naht mitfassen. Die gerundeten Kanten aller Tiere von Ecke bis Ecke zusammennähen. Die geraden Unterkanten bleiben offen, damit man die Fingerpuppen auf die Finger stecken kann.

10 **Die fertigen Fingerpuppen** eignen sich wegen ihrer Größe nur für Hände von Erwachsenen. Lassen Sie kleine Kinder nicht damit spielen. Kleinteile können sich lösen und stellen dann ein Erstickungsrisiko dar.

Kleidung

Klecker-
Lätzchen

Lätzchen kann man nie genug haben. Dieses Modell ist so einfach, dass Sie gleich mehrere nähen sollten. Für die Rückseite können Sie preiswerter. Frottee oder alte Handtücher verwenden. Die Größe passt einem Baby von sechs Monaten.

MATERIAL ❀ Transparentpapier ❀ Bleistift ❀ Schere ❀ 28 × 21,5 cm Baumwollstoff pro Lätzchen ❀ 28 × 21,5 cm Frottee pro Lätzchen ❀ Stecknadeln ❀ Nähmaschine ❀ passendes Nähgarn ❀ Bügeleisen ❀ Nähnadel ❀ ca. 8 cm Klettband

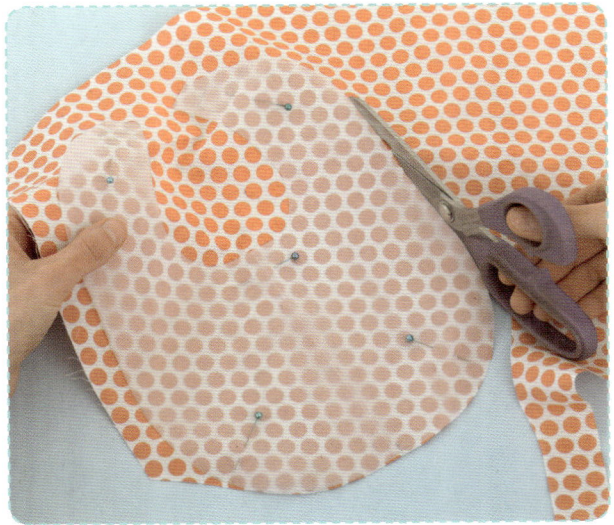

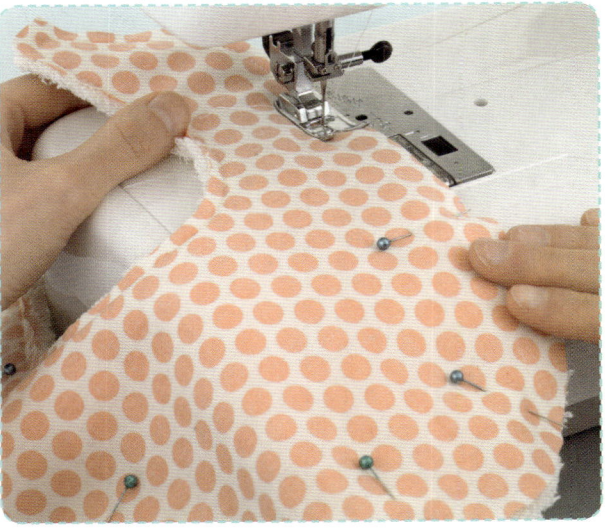

1 **Die Vorlage** von Seite 239 auf das Transparentpapier übertragen und ausschneiden. Dieses Schnittmuster auf den Stoff stecken und zuschneiden. Für ein Lätzchen brauchen Sie ein Teil aus Frottee und eins aus Baumwollstoff.

2 **Beide Teile** rechts auf rechts zusammenstecken, dabei die Kanten genau aufeinander ausrichten. Rundherum mit 1 cm Nahtzugabe zusammen- steppen, nur unten eine 7 cm lange Öffnung zum Wenden lassen.

3 **Die Nahtzugabe an den Rundungen** auf 5 mm zurückschneiden und mehrmals einknipsen. Das Lätzchen durch die Öffnung auf rechts wenden.

4 **Das Lätzchen bügeln,** dann die untere Öffnung von Hand zunähen. Dabei abwechselnd in beide Stoffe einstechen.

5 **Ein 2 cm langes Stück Klettband** abschneiden und trennen. Eine Seite des Klettbands auf die Stoffseite am hinteren Halsausschnitt des Lätzchens nähen, die andere auf den Frottee an der anderen Ausschnittseite.

TIPP Wenn das Lätzchen einem größeren Kind passen soll, vergrößern Sie die Vorlage.

GRÖSSE
Für ein Baby
im Alter von 0–3
Monaten

Sommer-Schühchen

Diese Schuhe sehen zu einem Sommerkleidchen bezaubernd aus – vielleicht zu einem besonderen Anlass? Für einen kleinen Jungen suchen Sie einfach Stoff und Band in anderen Farben oder Mustern aus.

MATERIAL ✿ Transparentpapier ✿ Bleistift ✿ Schere ✿ Stecknadeln ✿ 28 × 46 cm Hauptstoff ✿ 28 × 46 cm Futterstoff ✿ 13 × 15,5 cm leichtes Bügelvlies ✿ Bügeleisen ✿ Nähmaschine mit Zickzackstich ✿ Garn in der Farbe des Hauptstoffs ✿ 80 cm passendes Band, 1 cm breit ✿ Garn in der Farbe des Bandes ✿ Nähnadel

1 **Die Vorlagen** von Seite 235 auf Transparentpapier durchpausen und ausschneiden. Das sind die Schnittmuster.

2 **Die Schnittmuster** auf Hauptstoff, Futterstoff und Vlies stecken. So viele Teile zuschneiden, wie auf den Vorlagen angegeben ist. Sie können Hauptstoff und Futter auch in einem Arbeitsgang zuschneiden.

3 **Bügelvlies mittig** auf die linke Seite der Sohlen aus Hauptstoff bügeln.

4 **Die Vorderteile aus Hauptstoff und Futterstoff** rechts auf rechts zusammenstecken. Nur entlang der Oberkante mit 5 mm Nahtzugabe steppen.

Nahtzugabe an Rundungen einknipsen, aber nicht die Naht einschneiden.

5 **Die Nahtzugabe** auf 2,5 mm zurückschneiden, in Rundungen einknipsen, an Ecken schräg abschneiden. Vorderteile auf rechts wenden und bügeln.

6 **Die Hinterteile aus Hauptstoff und Futterstoff** rechts auf rechts zusammenstecken. Ober- und Seitenkanten mit 5 mm Nahtzugabe steppen. Nahtzugabe auf 2,5 mm zurückschneiden, in Rundungen einknipsen, an Ecken schräg abschneiden. Wenden und bügeln.

Sohle aus Haupt-
stoff und Futter
links auf links
zusammenstecken.

Hintere Mitte des Hinterteils an
hintere Mitte der Sohle stecken.

7 **Die Sohlen aus Hauptstoff und Futterstoff** links auf links zusammenstecken. Die hintere Mitte eines Hinterteils rechts auf rechts an die hintere Mitte einer Sohle stecken.

8 **Von der hinteren Mitte aus** das Hinterteil rechts auf rechts an die Sohle stecken.

9 **Hinterteile und Sohlen** mit 5 mm Nahtzugabe zusammensteppen. Darauf achten, dass an der Ferse eine glatte Rundung entsteht. Die Nahtzugabe entlang der Rundung einknipsen.

10 **Die Vorderteile** rechts auf rechts an die Sohlen stecken, ebenfalls von den Mittelmarkierungen ausgehend. Sie überlappen die Hinterteile um 1 cm.

11   **Die Vorderteile** feststeppen, dann die Nahtzugaben auf 2,5 mm zurück-schneiden und entlang der Rundungen einknipsen. Die Nahtzugabe rings um die Sohle mit Zickzackstichen versäubern.

12   **Die Schuhe** auf rechts wenden und die Ansatznaht der Sohle zwischen den Fingern rollen, damit sie rund wird.

13   **Das Band** in vier gleich lange Stücke schneiden und von Hand an die Vorderteile nähen. Die Positionen sind auf der Vorlage mit × markiert.

TIPP

So kleine Teile sind knifflig zu nähen und Fehler fallen auf. Nehmen Sie sich Zeit!

Hemdchen
mit Rosetten

Rosetten sind schnell und einfach gemacht und man kann sie als Verzierung auf die verschiedensten Kleidungsstücke nähen. Für so ein Hemdchen brauchen Sie nicht einmal eine Stunde. Wichtig ist, die Rosetten fest anzunähen, damit sie sich beim Waschen nicht lösen und das Baby sie nicht abreißen kann.

MATERIAL ✿ 3 Hemdchen in einer Größe nach Wahl ✿ Transparentpapier ✿ Bleistift ✿ Schere ✿ Stecknadeln ✿ dünne Stoffreste, je mindestens 9 × 9 cm ✿ Nähnadel ✿ Nähgarn ✿ 5 Knöpfe ✿ kleiner Stickrahmen ✿ Sticknadel ✿ Stickgarn in Grün und Dunkelgrau

1 **Die Hemdchen waschen,** damit sie später nicht einlaufen. Die drei Vorlagen für die Rosetten von Seite 233 auf Transparentpapier übertragen und ausschneiden. Diese Schnittmuster auf die Stoffe stecken und so viele Rosetten ausschneiden, wie Sie benötigen.

2 **Garn in die Nähnadel einfädeln** und einen Knoten ins Ende binden. Die Stoffkante etwa 3 mm zur linken Stoffseite umschlagen und mit ungefähr 3 mm langen Vorstichen festnähen.

Am Faden ziehen, um den Rand zu raffen.

4 **Wenn die Rosette** gleichmäßig gekräuselt ist, den Faden auf der Rückseite mit einigen Stichen sichern, damit sich die Kräuselung nicht wieder lösen kann. Dann den Faden sicher verknoten.

3 **Wenn der Rand** ringsherum festgenäht ist, langsam am Faden ziehen. Dadurch kräuselt sich der Stoffrand und wird zusammengerafft. Die Kräuselfältchen gleichmäßig verteilen und behutsam arbeiten, damit der Faden nicht reißt.

5 **Die Rosette** an der gewünschten Position auf das Hemd legen. Sie können sich dabei am großen Foto auf Seite 160 orientieren. Die Rosette mit farblich passendem Nähgarn mit einigen Stichen durch die Mitte festnähen.

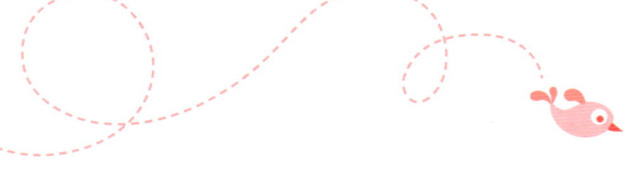

Doppelte Rosette

1 **Für eine doppelte Rosette** zuerst eine mittlere Rosette anfertigen (Schritt 2–5 auf Seite 161–162) und auf das Hemd nähen. Dabei nur durch die Rückseite der Rosette stechen. Auf der Vorderseite sollen keine Stiche zu sehen sein.

2 **Eine kleine Rosette** fertigen und auf der mittelgroßen festnähen (Schritt 5, gegenüber). Dabei nur durch die Rückseite der kleineren Rosette stechen.

3 **Einen Knopf** mit farblich passendem Nähgarn sorgfältig in der Mitte der kleineren Rosette festnähen. Dabei stechen Sie durch beide Rosetten und den Stoff des Hemdchens.

Blumen-Rosetten

Für die Blumen bereiten Sie drei mittelgroße Rosetten vor. Auf das Hemd nähen und mit Knöpfen fixieren, wie oben beschrieben. Dann die Fläche, die weiter verziert werden soll, in den Stickrahmen einspannen. Stiele und Blätter mit grünem Stickgarn aufsticken. Sie können sich dabei am Foto links orientieren. Nähere Informationen zu verschiedenen Sticktechniken finden Sie auf Seite 224–225. Zum Schluss den Stickrahmen abnehmen und die Ränder der Rosetten festnähen.

Heißluft-Ballon

2 **Den Knopf** auf das Loch in der Rosette legen und mit passendem Nähgarn sehr sorgfältig festnähen, damit das Baby ihn nicht abreißen kann (Erstickungsgefahr).

1 **Für den Heißluft-Ballon** eine Rosette aus einem großen Kreis anfertigen, auf das Hemdchen nähen und den Motivbereich in den Stickrahmen einspannen. Gondel und Seile des Ballons mit dunkelgrauem Stickgarn und einer Sticknadel aufsticken. Sie können sich dabei an den Fotos orientieren. Nähere Informationen zu Sticktechniken stehen auf Seite 224–225. Die Seile der Gondel sollen unter dem Rand der Rosette verschwinden. Das Ende des Stickgarns auf der Rückseite vernähen.

3 **Den Stickrahmen** abnehmen. Die Rosette auf das Hemd nähen, aber dabei nur durch die untere Stofflage der Rosette stechen. Vorn sollen keine Stiche sichtbar sein. Den Faden auf der Innenseite des Hemds mit einigen Stichen sichern, verknoten und abschneiden.

TIPP *Den Stoff beim Einspannen in den Stickrahmen nicht dehnen, sonst verzieht sich die Stickerei.*

Mustermix-Sonnenhut

Mit diesem Stoffhut ist ein Baby zwischen neun und zwölf Monaten im Garten und unterwegs vor Sonne geschützt. Suchen Sie für Futter und Außenseite Stoffe aus, die schön zusammenpassen.

MATERIAL ✿ Transparent- oder Seidenpapier ✿ Bleistift ✿ Schere ✿ Stecknadeln ✿ 48,5 × 58,5 cm Hauptstoff (Baumwolle) ✿ 48,5 × 51 cm Futterstoff (Baumwolle) ✿ 18 × 35,5 cm Bügelvlies ✿ Bügeleisen ✿ Nähmaschine ✿ passendes Nähgarn ✿ 25,5 cm Gummiband, 1 cm breit ✿ 2 Sicherheitsnadeln

1 **Die Vorlagen** von Seite 238 auf Transparent- oder Seidenpapier durchpausen und ausschneiden. Auf Stoffe und Bügelvlies stecken und die Teile gemäß Angaben auf den Vorlagen zuschneiden.

2 **Bügelvlies** mit der glänzenden Seite nach unten auf die linke Stoffseite der Krempenteile aus Haupt- und Futterstoff bügeln. Beachten Sie bitte die Temperaturhinweise des Vliesherstellers.

3 **Die Bänder** der Länge nach rechts auf rechts zur Hälfte falten und stecken. Die schrägen Kanten und die Längskanten mit 1 cm Nahtzugabe steppen. Auf rechts wenden und bügeln.

Krempe liegt zwischen den Kopfteilen
aus Hauptstoff und Futterstoff.

4 **Die verstärkten Krempenteile** rechts
auf rechts legen und mit 1 cm Nahtzugabe entlang der äußeren Kante steppen.
Nahtzugaben an Rundungen einknipsen,
dann wenden und bügeln.

5 **Die Krempe** rechts auf rechts an das Kopfteil aus Hauptstoff legen,
die Mittelmarkierungen liegen genau aufeinander. Den Futterstoff
kantengenau darauflegen (rechte Seite nach unten). Die Krempe
liegt zwischen den Kopfteilen. Durch alle Lagen steppen, dann von
rechts bügeln.

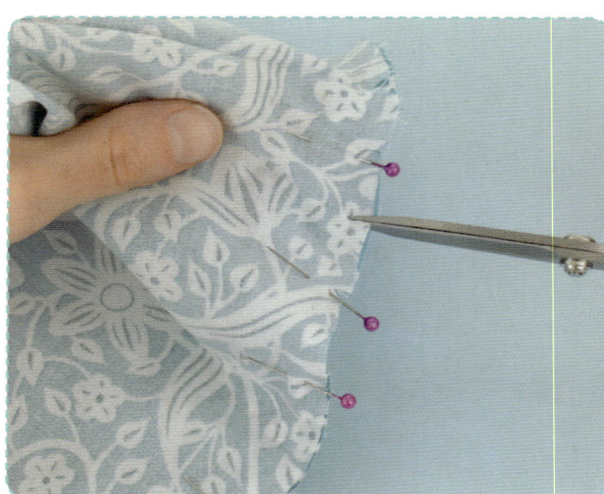

6 **Das Hinterteil aus Hauptstoff** rechts auf rechts an
die freie Kante des Kopfteils aus Hauptstoff stecken
Die Kanten entlang der Rundung mehrmals 5 mm tief
einschneiden.

7 **Die gesteckte Kante** mit 1 cm Nahtzugabe steppen.
Die Nahtzugabe zur Mitte des Huts bügeln. Kopf- und
Hinterteil aus Futterstoff ebenso zusammennähen.
Den Hut auf rechts wenden.

8 **Die freien Kanten** von Haupt- und Futterstoff des Hinterteils zusammenstecken, die Nähte liegen genau aufeinander. Die gesamte Kante steppen.

9 **Die Bänder** an den vorderen Ecken unter der Krempe 5 mm über der Oberkante feststecken. Sie zeigen nach außen (siehe Foto). Die Bänder feststeppen.

An der eingeschlagenen Kante steppen.

10 **Die Unterkante** 2 cm breit zum Futter hin einschlagen, dann noch einmal ebenso weit umfalten. Die Kante feststecken.

11 **Dicht neben der eingeschlagenen Kante** steppen, dabei die Stecknadeln entfernen. Dies ist der Tunnel für das Gummiband.

12 **An jedem Ende** des Gummibands eine Sicherheitsnadel befestigen. Das Gummi in den Tunnel ziehen, sodass seine Enden gerade darin versteckt liegen.

13 **Quer über den Tunnel** und die Naht zwischen Hinterteil und Kopfteil steppen, um das Gummiband auf dieser Seite zu befestigen.

14 **Am anderen Ende** des Gummibandes ziehen, um das Hinterteil zu kräuseln. Quer über Tunnel und Naht zwischen Hinterteil und Kopfteil steppen, um das Gummi auch auf der zweiten Seite zu fixieren. Die Sicherheitsnadeln stecken noch im Gummiband.

15 **Ein Gummibandende** mit der Sicherheitsnadel aus dem Tunnel ziehen und kurz abschneiden. Das Ende verschwindet danach im Tunnel. Auf der anderen Seite wiederholen.

 **TIPP** *Die Mütze wird perfekt, wenn Sie sie nach jedem Arbeitsschritt bügeln.*

Allerlei Spielzeug

siehe Seite 96–99, 104–107, 124–129

Maritime Hemdhöschen

Mit Stofffarben und Schablonen aus stabilem, nicht saugendem Papier machen Sie aus kleinen Shirts oder Hemdhöschen im Handumdrehen niedliche Unikate. Natürlich eignen sich auch andere Textilien zum Verzieren.

MATERIAL ✿ 1 Baby-Hemdhöschen pro Motiv ✿ Freezer Paper
✿ Filzstift ✿ Schere ✿ Cutter ✿ Schneidematte ✿ Bügeleisen ✿ Pappe
✿ Stoffmalfarben in Dunkelblau, Grün, Orange, Rot, Violett und Weiß (oder nach eigener Wahl)
✿ 1 Pinsel pro Farbe (oder Pinsel vor jedem Farbwechsel gründlich auswaschen)

1 **Kleidungsstücke** zuerst waschen, falls sie einlaufen. Die Vorlagen von Seite 241 auf die matte Seite des Freezer Papers übertragen, rings um jedes Motiv reichlich Platz lassen. Die Motive so ausschneiden, dass jedes in der Mitte eines Papier-Vierecks sitzt.

2 **Die Motivelemente** mit einem Cutter auf einer Schneidematte ausschneiden. Das sind die Schablonen.

Die glänzende Seite darf nicht nach oben zeigen, sonst haftet sie am Bügeleisen.

Pappe ins Shirt schieben, damit keine Farbe auf den Rücken durchdringt.

3 **Eine Schablone** mit der glänzenden (beschichteten) Seite nach unten an die gewünschte Position auf den glatten Stoff legen und aufbügeln. Vor allem entlang der Motivkonturen muss die Schablone gut am Stoff haften.

4 **Ein Stück Pappe** unter der Schablone ins Hemd schieben, um den Rücken vor Farbe zu schützen. Für die zweifarbigen Motive etwas der jeweiligen Farbe mit Weiß aufhellen. Die Farbe mit dem Pinsel gleichmäßig auf die ganze Motivfläche tupfen.

5 **Die Farbe trocknen lassen,** dann eine zweite Schicht auftragen. Vollständig trocknen lassen. Das nächste Motiv mit einem sauberen Pinsel tupfen.

6 **Wenn die zweite Farbschicht** ganz trocken ist, die Schablone ablösen. Bitte beachten Sie die Anweisungen des Farbherstellers zum Fixieren und späteren Waschen der bemalten Textilien.

Stirnband mit Rosette

Dieses Stirnband aus Jersey ist so weich und bequem, damit lassen sich auch ganz kleine Mädchen gern einmal hübsch herausputzen. Suchen Sie für die Rosette einen farbenfrohen Stoff und einen schönen Knopf aus.

MATERIAL ✿ 7,5 × 58,5 cm weicher Baumwolljersey ✿ Stecknadeln ✿ Nähmaschine mit Zickzackstich ✿ passendes Nähgarn ✿ Schere ✿ Sicherheitsnadel ✿ Maßband ✿ mindestens 38 cm Gummiband, 1 cm breit ✿ Nähnadel ✿ Transparentpapier ✿ Bleistift ✿ Rest dünner, bunt bedruckter Stoff, mindestens 9 × 9 cm ✿ 1 Knopf, 2 cm Durchmesser ✿ Nähgarn in der Farbe des Knopfes

Stoff in Längsrichtung dehnbar

1 Der Jersey muss längselastisch sein, damit er nach dem Einziehen des Gummibandes angenehm am Kopf anliegt.

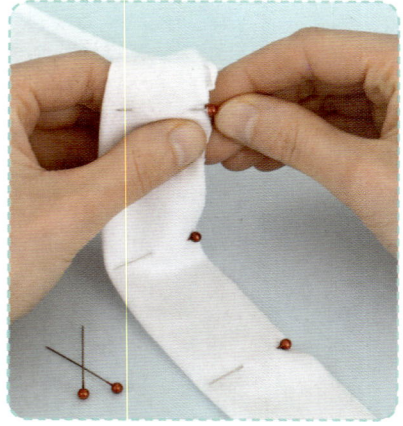

2 Den Stoff in Längsrichtung rechts auf rechts zur Hälfte falten, die Kanten aufeinander ausrichten. Der Streifen ist nun 58,5 cm lang und 3,75 cm breit.

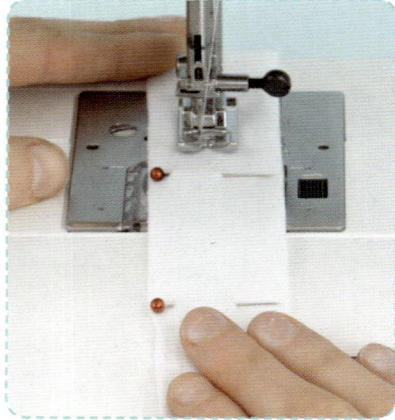

3 Einen breiten Zickzackstich mit normaler Stichlänge einstellen und 2 cm neben dem Bruch entlangsteppen. Durch die Zickzackstiche kann der Stoff gedehnt werden, ohne dass der Faden reißt.

Den Schlauch mit
der Sicherheitsnadel
auf rechts wenden.

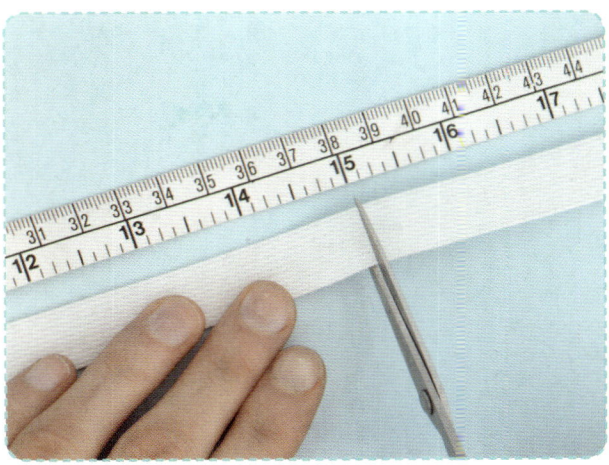

4 **Die Nahtzugabe** auf 5 mm zurückschneiden. An
einem Ende eine Sicherheitsnadel befestigen und
durch den Schlauch ziehen, um ihn auf rechts zu
wenden (siehe Seite 226).

5 **Ein Stück Gummiband** von etwa 38 cm Länge
zuschneiden. Je nach Dehnbarkeit des Gummis und
Kopfumfang des Kindes muss die Länge angepasst
werden. Das Gummi soll sich leicht dehnen, wenn es
um den Kopf gelegt wird, darf aber nicht zu eng sitzen.

Gummiband durchzie-
hen und den Schlauch
aufkräuseln.

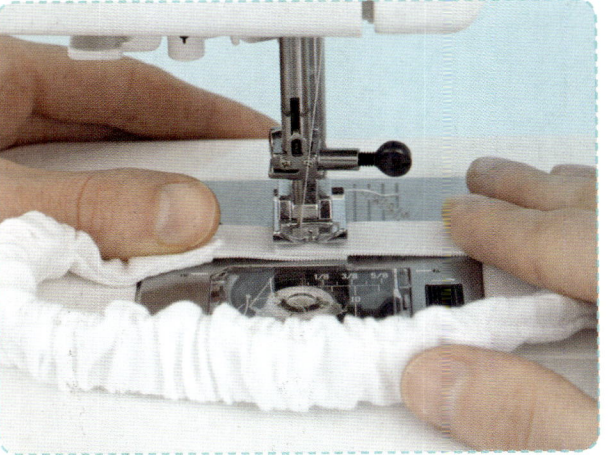

6 **Eine Sicherheitsnadel** an einem Ende des Gummibandes befestigen und damit das Gummi durch den
Stoffschlauch ziehen. Den Schlauch dabei gleichmäßig kräuseln und das Gummi an beiden Enden
herausschauen lassen.

7 **Die Enden des Gummibandes** aufeinanderlegen und
mehrmals darauf vorwärts und rückwärts steppen.
Danach den Stoffschlauch über die zusammengenähten Gummibandenden schieben.

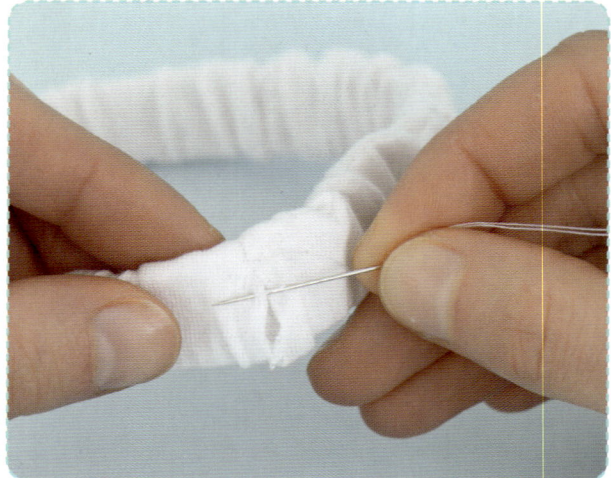

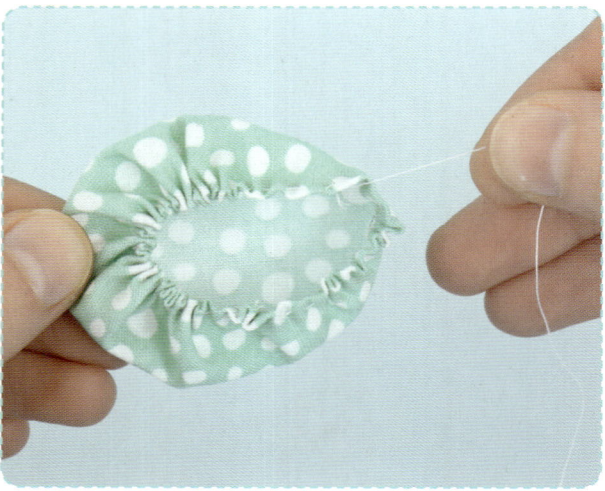

8 **Die Enden des Schlauchs** einschlagen und von Hand mit kleinen Stichen zusammennähen. Schlauch und Gummi dürfen nicht verdreht sein und die Naht muss flach liegen, damit sie nicht drückt.

9 **Für die Rosette** die Vorlage für den größten Kreis auf Seite 233 verwenden und wie in Schritt 1–4 auf Seite 161–162 vorgehen.

10 **Die fertige Rosette** fest ans Stirnband nähen. Falls die Naht des Bandes nicht ganz flach ist, sollte sie im Nacken sitzen, wo sie am wenigsten stört. Ansonsten liegt die Naht vorn seitlich und wird mit der Rosette verdeckt.

11 **Auf die Vorderseite der Rosette** mit passendem Garn einen Knopf nähen. Er muss sicher befestigt werden, damit er sich nicht löst und womöglich im kleinen Mund verschwindet.

Allererste Mütze

Die weiche, dehnbare Mütze passt einem Neugeborenen. Zusammen mit den Handschuhen auf Seite 186 ist sie ein schönes Set und ein tolles Geschenk. Berücksichtigen Sie beim Stoffkauf, ob das Baby ein Junge oder ein Mädchen wird.

MATERIAL ✿ Transparentpapier ✿ Bleistift ✿ Schere ✿ 28 × 41 cm weicher, einfarbiger Jersey ✿ 25,5 × 41 cm weicher, bedruckter Jersey ✿ Nähmaschine mit Zickzackstich ✿ Jerseynadel für die Nähmaschine (empfohlen) ✿ Nähgarn in passenden Farben ✿ Zackenschere (nach Belieben) ✿ Nähnadel

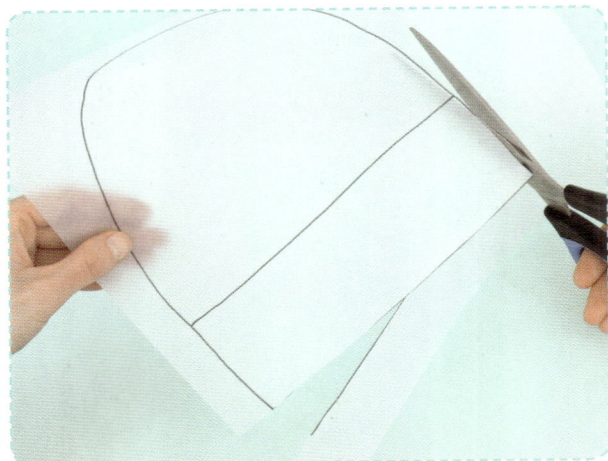

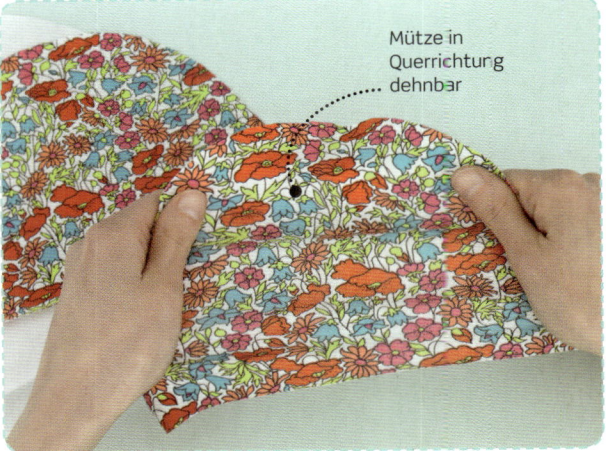

Mütze in Querrichtung dehnbar

1 Die Vorlage von Seite 241 auf Transparentpapier zweimal durchpausen. Sie brauchen ein langes und ein kurzes Schnittmusterteil.

2 Mit dem langen Schnittmuster zwei Teile aus einfarbigem Stoff zuschneiden, mit dem kurzen zwei Teile aus gemustertem Stoff. Die Stoffe so legen, dass die Mütze in Querrichtung dehnbar wird.

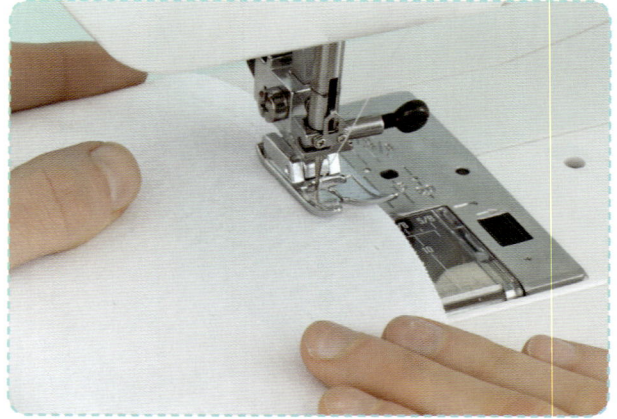

Nahtzugabe zurückschneiden, aber die Naht nicht beschädigen.

3 **Auf der Nähmaschine** einen breiten Zickzackstich mit normaler Stichlänge einstellen. Die einfarbigen Teile rechts auf rechts legen und mit der Jerseynadel entlang der Rundung 1 cm neben der Kante zusammensteppen. Die Nahtzugabe auf 5 mm zurückschneiden und an der Rundung mehrmals einknipsen. Alternativ mit der Zackenschere zurückschneiden.

4 **Die bedruckten Stoffteile** rechts auf rechts legen und mit der Jerseynadel im Zickzackstich entlang der Rundung 1 cm neben der Kante zusammensteppen. Die Nahtzugabe wie in Schritt 3 zurückschneiden. Auf rechts wenden.

Linke Seite

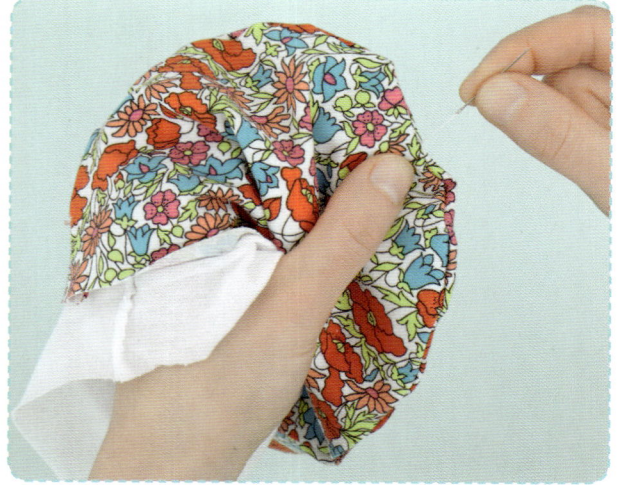

5 **Die einfarbige Mütze** links auf links in die bedruckte schieben, die Nahtzugaben liegen aufeinander. Die einfarbige Mütze muss ganz glatt sitzen. Falten würden drücken.

6 **Mit Nähnadel und Faden** die beiden Lagen der Mütze an der oberen Rundung der Naht von Hand zusammennähen.

7 **Die unversäuberte Kante** der Innenmütze bis an die Unterkante der Außenmütze umschlagen. Noch einmal ebenso breit umschlagen. Der Rand soll ringsherum gleich breit sein.

8 **Die Bruchkante** der Innenmütze von Hand mit kleinen Stichen auf die Außenmütze nähen. Die unversäuberte Kante der Außenmütze wird dadurch unter dem Umschlag versteckt.

Kaufen Sie für zarte Babyhaut nur hochwertige, weiche Stoffe. Bio-Jersey aus Bambus eignet sich gut für die Innenmütze.

Allererste Handschuhe

Die Handschuhe passen zur Erstlingsmütze auf Seite 182 und verhindern, dass sich das Baby versehentlich kratzt. Verwenden Sie weichen, elastischen Stoff, der zarte Babyhaut nicht reizt.

MATERIAL ❀ Transparentpapier ❀ Bleistift ❀ Schere ❀ Stecknadeln ❀ 23 × 25,5 cm weicher Jersey ❀ Nähmaschine mit Zickzackstich ❀ Jerseynadel für die Nähmaschine (empfohlen) ❀ passendes Nähgarn ❀ 22 cm Gummiband, 5 mm breit ❀ 4 kleine Sicherheitsnadeln ❀ Zackenschere (nach Belieben)

1 **Die Vorlage** von Seite 233 auf Transparentpapier durchpausen und ausschneiden. Dieses Schnittmuster auf den Stoff stecken. Vier gleiche Handschuhteile zuschneiden.

2 **Die gerade Kante** eines Handschuhteils 3 cm nach links umschlagen. In 5 mm Abstand zur Bruchkante gerade absteppen, 1,5 cm neben der ersten Stepplinie nochmals absteppen für den Tunnelzug. Mit den anderen drei Handschuhteilen wiederholen.

Gummiband mit
einer Sicherheits-
nadel durchziehen.

3 **Vier Stücke Gummiband** von je 5,5 cm Länge zuschneiden. Am Ende eines Stücks eine Sicherheitsnadel befestigen und das Gummi in den Tunnel des Handschuhteils schieben.

4 **Das Gummibandende** ohne Sicherheitsnadel bis zur Stoffkante ziehen und dort mit Vor- und Rückwärtsstichen festnähen. Das andere Gummibandende liegt im Tunnel.

5 **Das Gummiband** mit der Sicherheitsnadel ganz durchziehen und den Handschuh dabei etwas kräuseln. Die Sicherheitsnadel entfernen und das Gummibandende an der Handschuhkante festnähen.

6 **Zwei Handschuhteile** rechts auf rechts kantengenau zusammenstecken. Einen breiten Zickzackstich mit normaler Stichlänge einstellen und die Teile entlang der Rundung zusammennähen. Die gerade Gummizugkante bleibt offen.

7 **Die Nahtzugabe** auf 5 mm zurückschneiden und an der Rundung mehrmals einknispen. Alternativ mit einer Zackenschere zurückschneiden. Den Handschuh wenden. Den zweiten Handschuh ebenso nähen (Schritt 6 und 7).

Elastischer Stoff darf beim Zuschneiden und Nähen nicht gedehnt werden, sonst verzieht sich die Form des fertigen Projekts.

TIPP

Eine Jerseynadel mit abgerundeter Spitze verhindert, dass beim Steppen Laufmaschen im Jersey entstehen.

Süßes Sommerkleid

Das niedliche Kleid ist ganz einfach geschnitten und passt einem kleinen Mädchen von etwa einem Jahr. Suchen Sie einen fröhlich bunt gemusterten Stoff dafür aus.

MATERIAL ✿ Transparentpapier oder Schnittmusterpapier ✿ Bleistift oder Filzstift ✿ Schere ✿ 1 m gemusterter Baumwollstoff ✿ Stecknadeln ✿ 50 × 40 cm Bügelvlies ✿ Bügeleisen ✿ Nähmaschine mit Zickzackstich ✿ passendes Nähgarn ✿ 2 Druckknöpfe ✿ Nähnadel

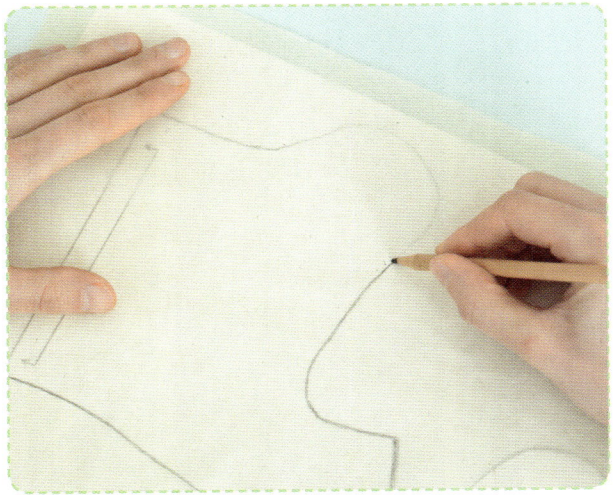

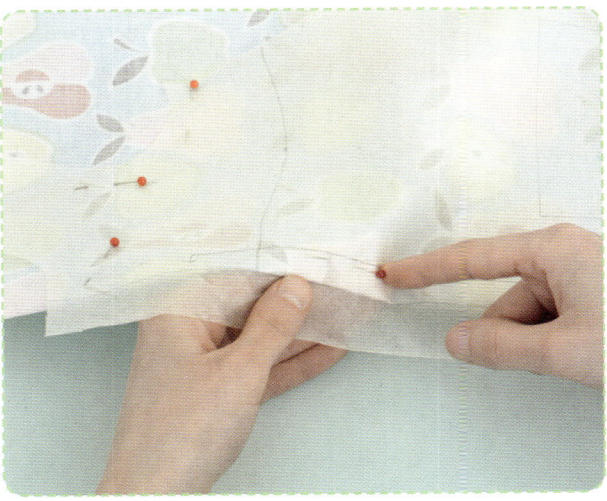

1 **Die Vorlagen** auf Seite 240 gemäß den Angaben vergrößern, dann auf Transparentpapier oder Schnittmusterpapier durchpausen. Die Schnittmusterteile ausschneiden.

2 **Die Schnittmusterteile** gemäß den Angaben auf den Stoff stecken. Auf die Stoffbruch-Markierungen achten und die Teile so auflegen, dass das Muster auf beiden Seiten in derselben Richtung läuft.

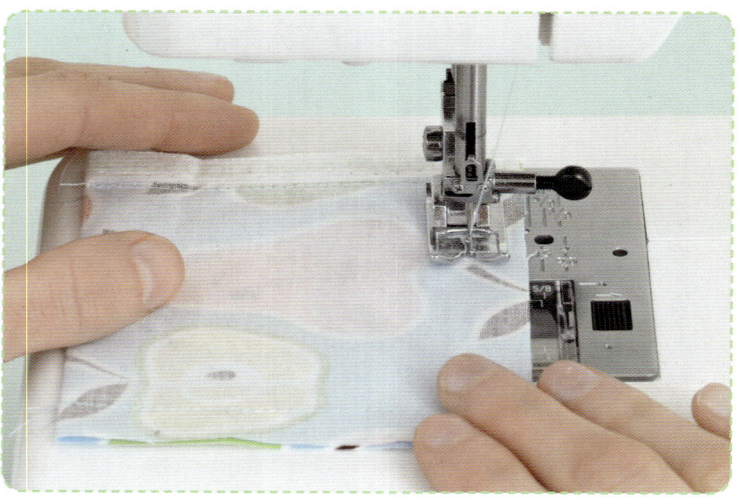

3   **Die Vorlagen** für den vorderen und hinteren Beleg auf das Bügelvlies stecken und zuschneiden. Das Vlies auf die linke Stoffseite bügeln. Dabei muss die glänzende Seite der Vlieseinlage zum Stoff zeigen.

4   **Das Teil für die Tasche** an der auf der Vorlage markierten Linie rechts auf rechts falten. Alle Seiten außer der Bruchkante mit 1 cm Nahtzugabe steppen. An der Unterkante der Tasche eine 2,5 cm große Öffnung lassen.

Ecke mit einer Nadel herausziehen.

5   **Die Tasche** durch die Öffnung auf rechts wenden. Die Ecken mit einer Nadel herausziehen, dann die Tasche bügeln.

6   **Die Tasche** auf das Vorderteil des Kleides stecken, die Bruchkante zeigt nach oben. Die Position ist auf der Vorlage markiert. Seiten- und Unterkanten der Tasche knappkantig auf das Kleid steppen.

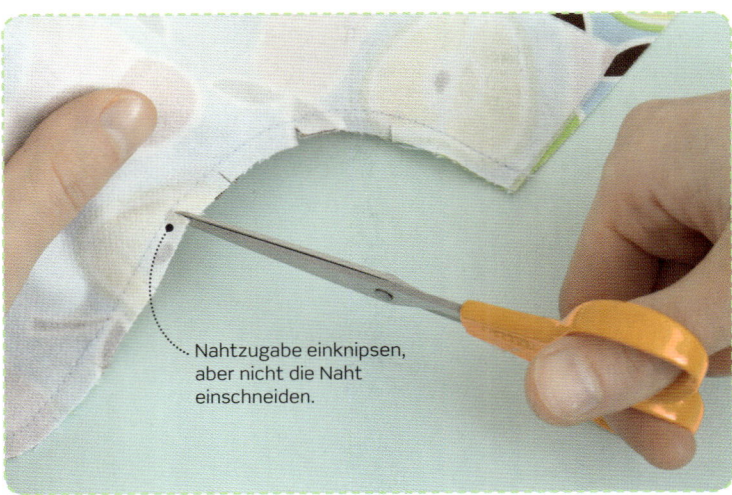

Nahtzugabe einknipsen,
aber nicht die Naht
einschneiden.

TIPP
Nahtzuga-
ben einknipsen,
damit runde
Nähte flach
liegen.

7 **Das Vorderteil** und den vorderen Beleg rechts auf rechts zusam-
mensteken. Mit 1 cm Nahtzugabe entlang der Hals- und Armaus-
schnittkanten steppen. Die Nahtzugabe auf 3mm zurückschneiden, dann die Nahtzugabe mit einer Schere einknipsen, damit die
Rundungen nach dem Wenden glatt liegen. Dabei nicht die Naht
einschneiden. Den hinteren Beleg ebenso annähen.

8 **Vorder- und Rückenteil** auf rechts wenden. Hals- und Armaus-
schnittkanten bügeln.

9 **Vorder- und Rückenteil** rechts auf
rechts zusammenstecken, dabei die
Belege aufklappen. Die Ansatznähte
der Belege liegen genau aufeinander.
Die rechte Seitennaht steppen, dabei an
der Ansatznaht des Belegs den Nähfuß
anheben und den Stoff etwas drehen. Die
linke Seitennaht ebenso schließen.

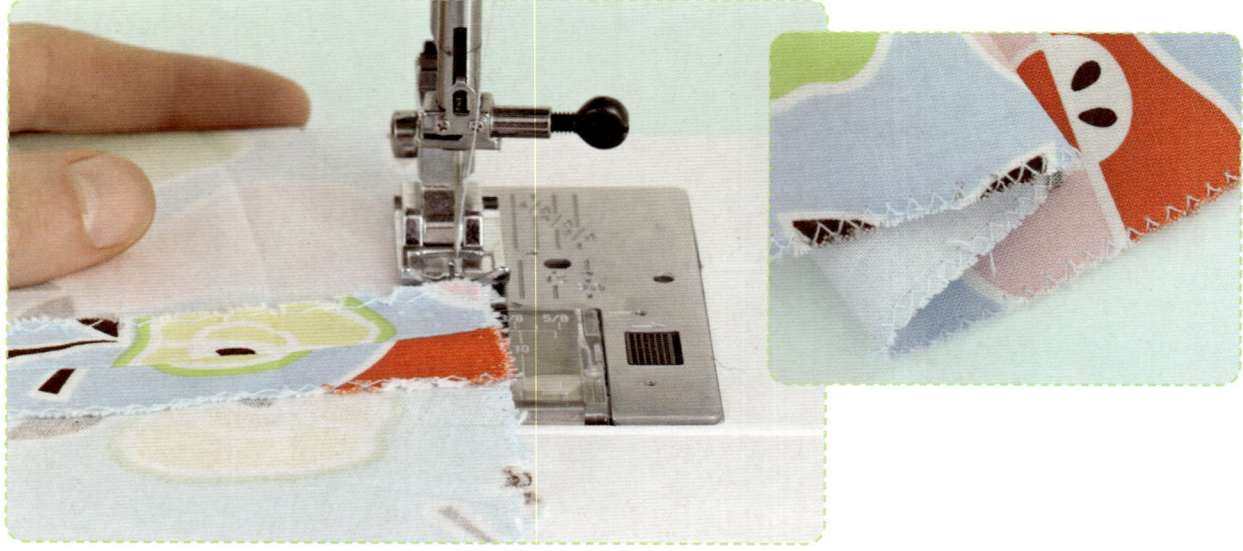

10 **Die Stecknadeln entfernen.** An der Nähmaschine einen breiten Zickzackstich mit normaler Stichlänge einstellen. Alle Nahtzugaben und die Saumkante versäubern (siehe Detailfoto oben).

11 **Die Saumkante** 4 cm nach links umbügeln (je nach gewünschter Länge des Kleides auch breiter oder schmaler). Den Saum 2,5 cm neben der Bruchkante mit Geradstich feststeppen.

12 **Die Druckknöpfe** von Hand so an die Träger nähen, dass der vordere Träger den hinteren etwas überlappt.

Für Mama

Fingerabdruck-Anhänger

Ein Baby muss mindestens sechs Monate alt sein, um klare Fingerabdrücke zu hinterlassen. Dieser bezaubernde Anhänger ist aber auch eine schöne, lebenslange Erinnerung an den ersten Geburtstag.

MATERIAL ✿ Öl (am besten zum Sprühen) ✿ Teflon®-Backfolie oder Backpapier ✿ kleines Rollholz ✿ 10 g Knetsilber ✿ Kartenspiel ✿ kleine Herz-Ausstechform (oder Schablone und Cutter) ✿ dünner Trinkhalm ✿ kleiner Stern-Stempel ✿ Frischhaltefolie ✿ luftdichtes Behältnis ✿ Spiegel ✿ Schleifkissen (Körnung 180, 220 und 280) ✿ Keramikfliese oder Ziegelstein ✿ Flambierbrenner ✿ Kurzzeitmesser ✿ Pinzette ✿ kleine Schälchen ✿ Schwefelleber ✿ 2 Zangen ✿ Sprengring aus Silber ✿ Silberkette

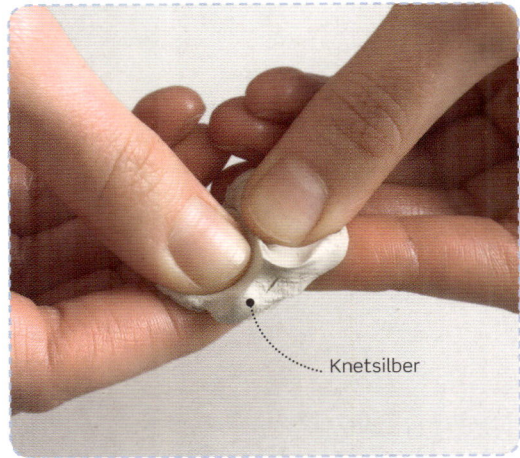

— Knetsilber

— Teflon®-Back-unterlage oder Backpapier

1 **Teflon®-Backfolie oder Backpapier** dünn mit Öl einreiben. Auch Rollholz und Hände einölen, damit nichts festkleben kann. Das Knetsilber vorsichtig durchkneten. Anfangs klebt es etwas, aber es trocknet schnell aus, darum nur kurz kneten.

2 **Zwei Stapel Spielkarten** (je sechs Karten) mit 5 cm Abstand auf die eingeölte Unterlage legen. Sie erleichtern es, das Knetsilber gleichmäßig dick auszurollen. Das Knetsilber zwischen die Kartenstapel legen und ausrollen. Die Oberfläche soll sauber und glatt aussehen.

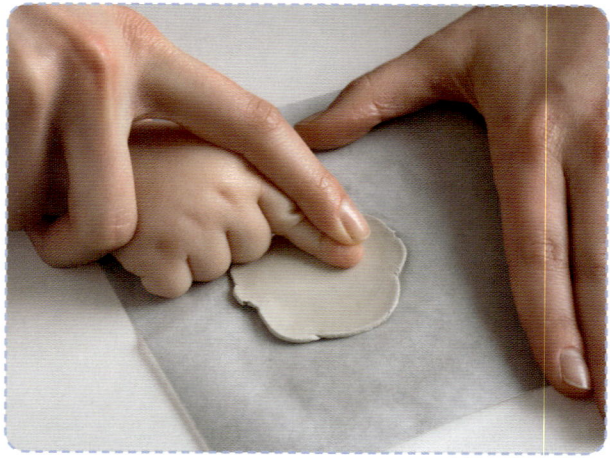

Leicht aufdrücken,
um nur eine Kontur
zu erhalten.

3 **Den Finger des Babys** behutsam in die Masse drücken – aber fest genug, dass ein deutlicher Abdruck entsteht. Das Baby muss mindestens sechs Monate alt sein. Gelingt der Abdruck nicht, die Masse durchkneten und neu ausrollen. Dabei zügig arbeiten, denn das Knetsilber trocknet schnell aus.

4 **Die Ausstechform** so auf das Knetsilber drücken, wie es später ausgestochen werden soll. Überlegen Sie vorher, wo der Fingerabdruck sitzen soll. Die eingedrückte Kontur macht es leichter, die Sterne richtig zu platzieren. Wenn Sie die Sterne nach dem Ausstechen stempeln, kann sich das Herz verformen.

5 **Mit dem Trinkhalm** in etwa 3 mm Abstand zum Rand ein Loch ins Herz stechen. Es muss so groß sein, dass sich der Sprengring darin frei bewegen kann. Bedenken Sie, dass das Knetsilber beim Brennen noch etwa zehn Prozent schrumpfen kann.

6 **Die Sterne** in der gewünschten Anordnung fest in das Knetsilber drücken. Den Stempel immer gleich tief eindrücken, damit die Sterne klare Konturen bekommen und gleichmäßig aussehen.

TIPP

Keine Kondenswasser-
spuren auf dem Spiegel

7 **Die Herzform** auf die in Schritt 4 eingedrückte Kontur setzen und fest herunterdrücken. Das Knetsilber rings um die Form abnehmen, in Frischhaltefolie wickeln und in einem luftdicht schließenden Gefäß aufbewahren. Falls es trocken wird, vorher mit etwas Wasser einpinseln.

8 **Das Knetsilber über Nacht trocknen lassen.** Wer es eiliger hat, kann einen Föhn benutzen oder das Herz zehn Minuten bei 150 °C im Backofen trocknen. Zur Kontrolle das Herz auf einen Spiegel legen. Bildet sich darauf Kondenswasser, enthält das Knetsilber noch Feuchtigkeit.

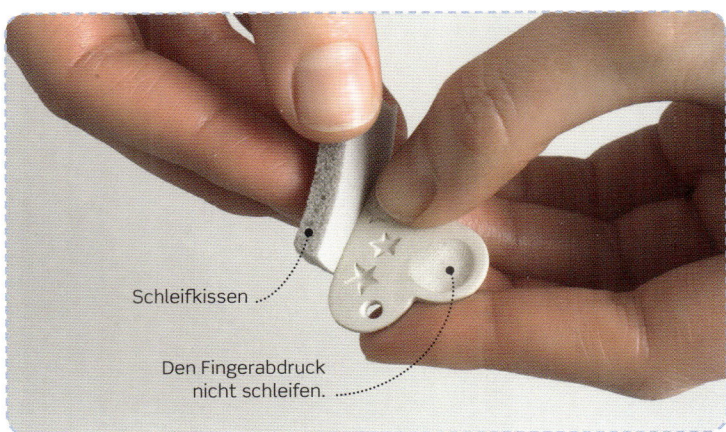

Schleifkissen

Den Fingerabdruck
nicht schleifen.

9 **Das getrocknete Knetsilber** ist sehr zerbrechlich. Ganz behutsam mit Schleifkissen glätten, dabei mit dem gröbsten beginnen und mit dem feinsten enden. Das Dekor nicht schleifen. Anschließend sollten außer dem Fingerabdruck und den Sternen keine Unebenheiten auf dem Anhänger zu sehen sein.

Beim Bearbeiten trocknet das Knetsilber aus. Mit Wasser anfeuchten, falls sich Risse zeigen.

Brenner 5 cm
über das Herz
halten.

Ziegelstein

10   **Den Anhänger** auf eine Keramikfliese oder einen Ziegelstein legen. Den Kurzzeitmesser bereitlegen. Den Flambierbrenner 5 cm über das Herz halten und die Flamme gleichmäßig darüber bewegen. Sie werden eine kleine Flamme und Rauch sehen. Sobald das Herz hell-orange zu glühen beginnt, den Kurzzeitmesser starten. Zwei Minuten brennen.

KNETSILBER BRENNEN

✿ Arbeiten Sie in einem gut belüfteten, relativ dunklen Raum.

✿ Eine Schüssel Wasser, eine Metallpinzette und einen Kurzzeitmesser bereitlegen.

✿ Wenn das organische Bindemittel verbrennt, sehen Sie sekundenlang eine kleine Flamme und etwas Rauch.

✿ Das Knetsilber glüht hellorange. Diese Farbe muss zwei Minuten gleich bleiben.

✿ Glüht es rot oder silbrig-weiß, ist es zu heiß. Dann den Brenner etwas weiter entfernen.

Schwefelleber

11   **Nach zwei Minuten** das Herz auf der Unterlage abkühlen lassen oder mit einer Pinzette in kaltes Wasser legen. Es hat jetzt eine matt-weiße Farbe, obwohl es aus nahezu reinem Silber besteht.

12   **Vor dem Polieren** müssen Fingerabdruck und Sterne behandelt werden, damit man sie gut sieht. Einige Tropfen Schwefelleber in heißes (nicht kochendes) Wasser geben. Den Anhänger mit einer Pinzette in die Lösung legen. Wenn er völlig schwarz ist, mit der Pinzette herausnehmen, in klarem Wasser abspülen und abtrocknen.

Patina von Fingerabdruck und Sternen nicht entfernen.

13 **Die schwarze Schicht** behutsam abschleifen, mit Körnung 180 beginnen und mit 280 enden. Je mehr Zeit Sie sich zum Polieren nehmen, desto schöner sieht die Oberfläche aus. Fingerabdruck und Sterne müssen natürlich dunkler bleiben.

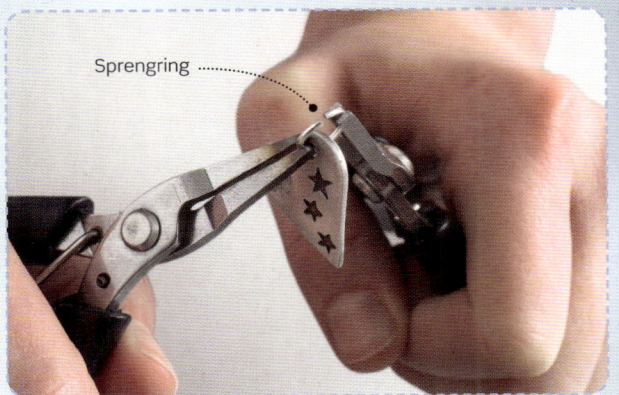

Sprengring

14 **Wenn der Anhänger fertig ist,** den Sprengring mit zwei Zangen vorsichtig seitwärts aufbiegen. Durch das Loch im Anhänger ziehen und behutsam wieder zubiegen. Zum Schluss eine Silberkette durch den Sprengring ziehen.

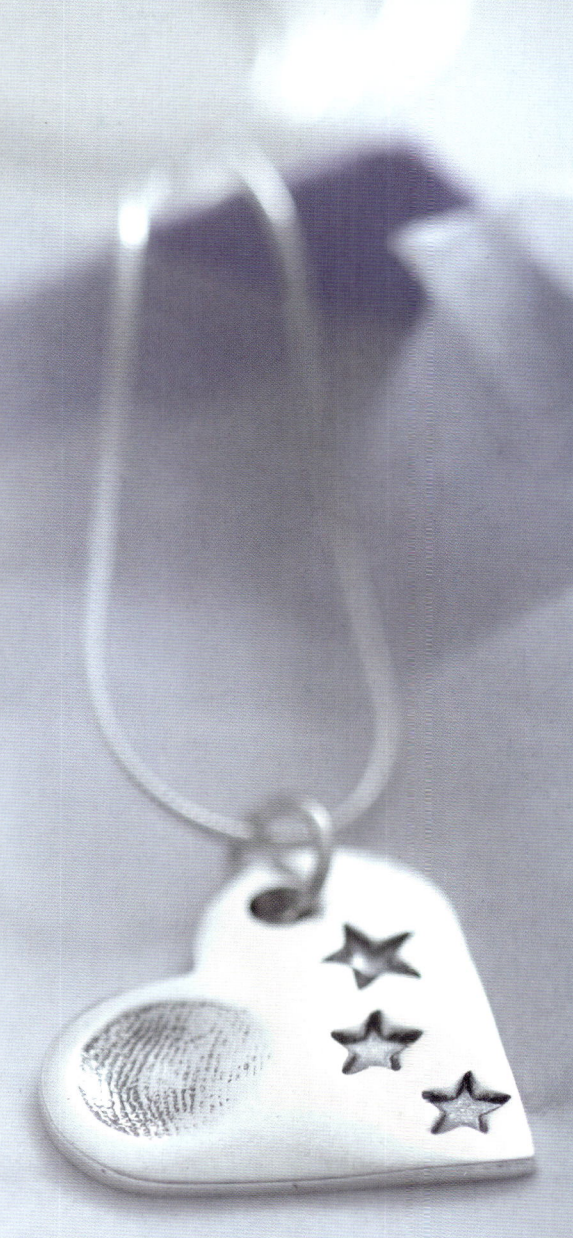

Babys Handgepäck

Suchen Sie für diese praktische Tasche Stoffe nach eigenem Geschmack aus. Wenn die Tasche etwas steifer werden soll, verstärken Sie alle Teile vor dem Zusammennähen mit mittelfestem Bügelvlies.

MATERIAL ✿ 127 × 81,5 cm Hauptstoff ✿ 89 × 117 cm Futterstoff in Kontrastfarbe ✿ Lineal ✿ Schneiderkreide oder Bleistift ✿ Schere ✿ Transparentpapier ✿ Filzstift ✿ Stecknadeln ✿ Nähmaschine mit Zickzackstich ✿ passendes Nähgarn ✿ Bügeleisen ✿ Sicherheitsnadel ✿ Nähnadel

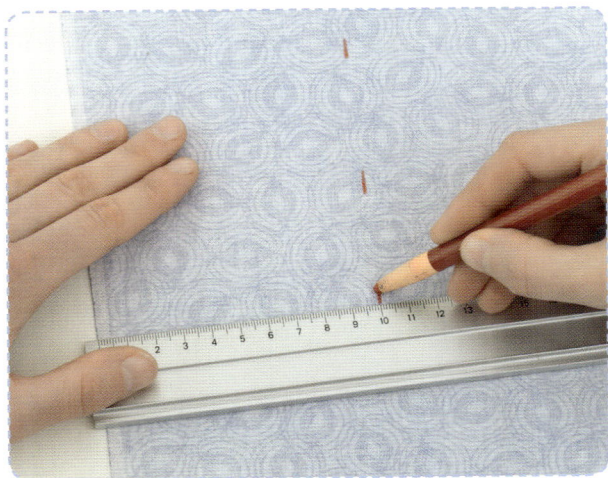

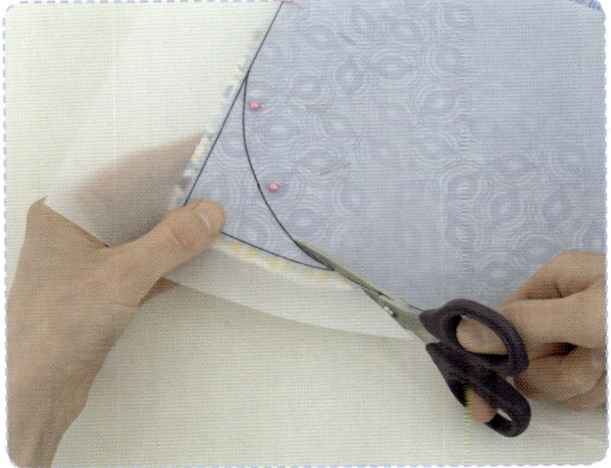

1 **Alle Teile** entsprechend den Zeichnungen und Anweisungen auf Seite 249 mit Lineal und Schneiderkreide oder Bleistift anzeichnen, dann zuschneiden. Für Teile, die zweimal benötigt werden, können Sie den Stoff doppelt legen und beide in einem Arbeitsgang zuschneiden.

2 **Rücken/Klappe aus Haupt- und Futterstoff** aufeinanderstecken. Die Vorlage für abgerundete Ecke von Seite 249 auf Transparentpapier übertragen, dann das Papier an den Ecken des Stoffs anlegen und feststecken. Auf der gekrümmten Linie schneiden, um die Ecke abzurunden. An der anderen Ecke wiederholen.

3 **Die beiden Innentaschen** entlang der markierten Linien rechts auf rechts falten und stecken. Die Schnittkanten mit 1 cm Nahtzugabe zusammensteppen, aber eine 7,5 cm große Öffnung zum Wenden lassen. Die Taschen wenden und die Ecken mit einer Stecknadel herausziehen (siehe Schritt 5, Seite 192). Die Taschen bügeln.

4 **In die Mitte jeder Tasche** eine kleine Kellerfalte einlegen. Wie es gemacht wird, steht auf Seite 227. Die Taschen an ihre Positionen stecken. Futterstoff und Taschenstoff zeigen dabei mit der rechten Seite nach oben. Die kleine Tasche auf das Futter des Vorderteils stecken, die größere auf das Futter von Rückseite und Klappe.

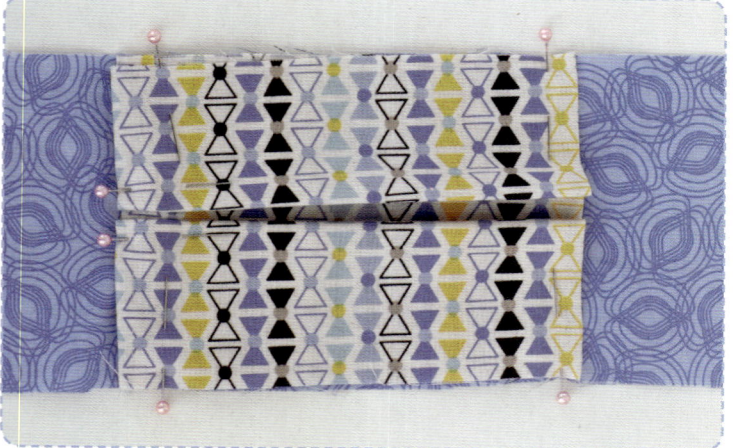

5 **Die Taschen festnähen.** Dafür auf der Mittellinie der Falte steppen, dann an den Kanten entlang. Die Oberkante bleibt offen. Jetzt hat jede Tasche zwei separate Abteile.

6 **Die Seitentaschen** auf den markierten Linien rechts auf rechts falten. Die unversäuberten Schmalseiten zusammenstecken, dann steppen. Die Taschen auf rechts wenden und bügeln. In jede Tasche eine kleine Kellerfalte einlegen (siehe Seite 227). Dann die Längsseiten der Taschen an die Kanten eines Seitenteils stecken (siehe Foto). Die offene Kante jeder Tasche liegt 11,5 cm vom entsprechenden Ende des Seitenteils entfernt. Seiten und Unterkanten der Taschen feststeppen.

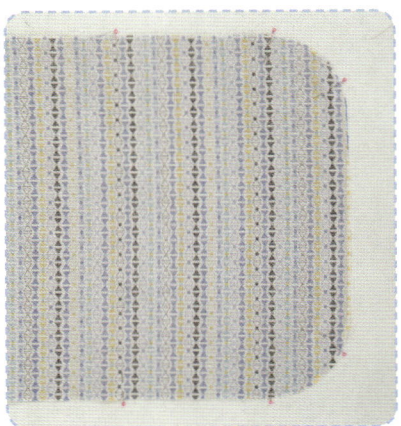

7 **Futterstoff und Hauptstoff** für Rücken/Klappe rechts auf rechts entlang der gerundeten Kante zwischen den beiden Markierungen in der Vorlage mit 1 cm Nahtzugabe stecken und zusammennähen.

8 **Die Nahtzugabe** an den Markierungen bis an die Naht einschneiden und auf 3 mm zurückschneiden. An der Rundung einschneiden. Auf rechts wenden und bügeln. Der genähte, gerundete Teil bildet die Klappe, der offene die Rückseite.

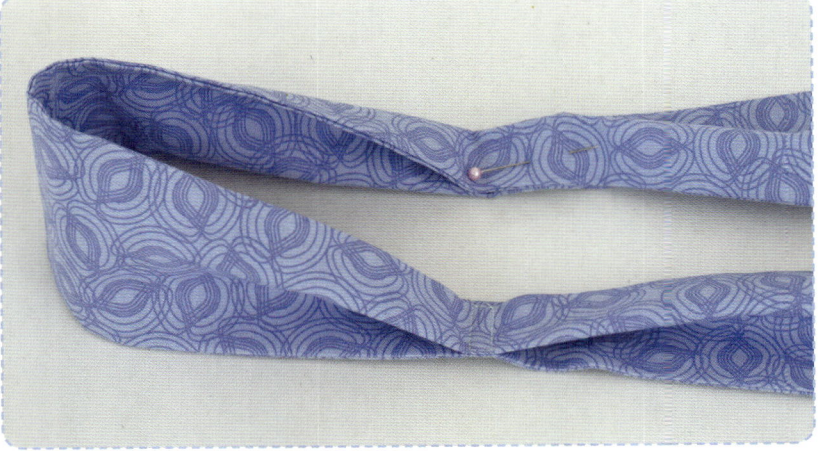

9 **Futter und Hauptstoff** für das Vorderteil rechts auf rechts zusammenstecken und nur entlang der Oberkante zusammennähen. Von rechts bügeln.

10 **Die beiden Teile** für den Henkel rechts auf rechts zusammenstecken. Nur die Längsseiten zusammennähen, die Schmalseiten bleiben offen. Auf rechts wenden (siehe Seite 226) und bügeln. Zwei kleine Falten in gleichen Abständen zur Mitte einlegen (siehe Foto), stecken und durch alle Stofflagen steppen.

11 **Die Streifen für Seitenteil/Boden** rechts auf rechts aufeinanderlegen, die Rückseite der Tasche dazwischenlegen. Die Seitentaschen zeigen zur rechten Seite der Taschenrückenseite. Zusammenstecken, aber über dem Einschnitt 1 cm Abstand lassen.

12 **Durch alle drei Stofflagen steppen,** aber 1 cm vor der Unterkante der Rückseite anhalten. Den Nähfuß bei eingestochener Nadel anheben. Nur die Seitenteile (nicht die Taschenrückseite) 1 cm tief schräg einschneiden. Der Einschnitt ist auf dem Foto zur Veranschaulichung rot eingefärbt.

13 **Die Streifen für Seitenteil/Boden** an den Einschnitten spreizen und an die Unterkante der Tasche stecken. Die ganze Tasche bei eingestichener Nadel drehen, dann entlang der Unterkante bis zur nächsten Ecke nähen. Wieder einschneiden und die Streifen an die dritte Kante stecken und steppen.

14 **Die Enden des Henkels** rechts auf rechts an die Schmalseiten der Seitenteile nähen, auf die in Schritt 6 Taschen genäht wurden. Die Schmalseiten der anderen Seitenteile 1 cm breit nach unten falten und bügeln. Sie werden später von Hand festgenäht.

15 **Die unversäuberten Längsseiten** der Seitenteile links auf links zusammennähen.

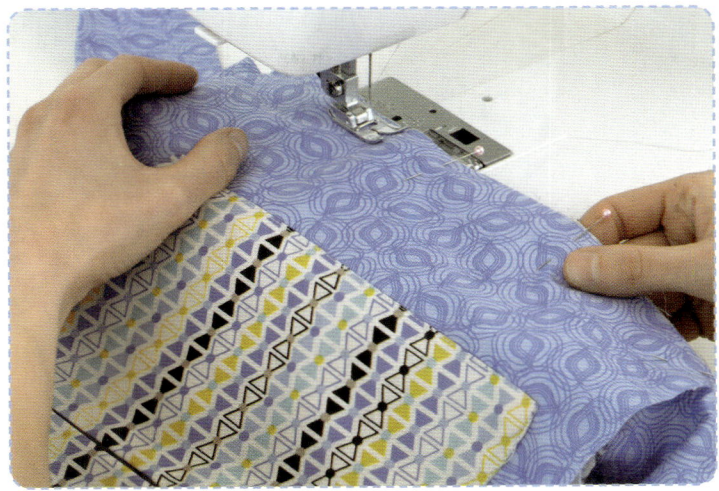

16 **Das Vorderteil der Tasche** rechts auf rechts an die zusammengenähten Kanten des Seitenteils stecken. Feststeppen, an den Ecken einschneiden und drehen wie in Schritt 12. Die Nahtzugaben auf 5 mm zurückschneiden und mit Zickzackstichen versäubern.

17 **Im Inneren der Tasche** die in Schritt 14 eingeschlagenen Kanten von Hand an den Henkel nähen. Dadurch werden die Öffnungen verschlossen. Die Tasche auf rechts wenden und bügeln.

TIPP *Beim Festnähen des Henkels in Schritt 14 darauf achten, dass er nicht verdreht ist!*

Winzige Fußabdrücke

Gibt es etwas Niedlicheres als winzige Babyfüße? Wenn Ihr Baby noch sehr klein ist, darf es beim »Helfen« liegen. Halten Sie den Teller nahezu senkrecht und drücken Sie die kleinen Füße vorsichtig in die Modelliermasse.

MATERIAL ❀ leichte, lufttrocknende Modelliermasse in Weiß ❀ Rollholz ❀ runde Schüssel, mindestens 14 cm Durchmesser ❀ Messer ❀ Teller oder andere starre, tragbare Unterlage ❀ Trinkhalm ❀ 70–100 cm Band

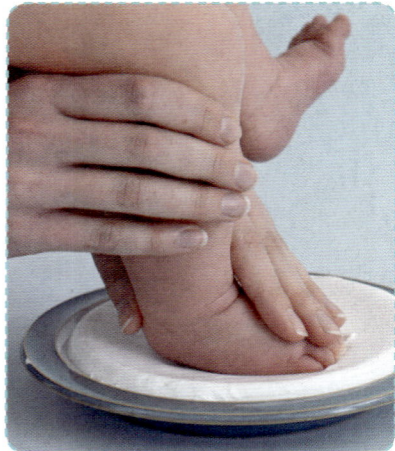

1 Die Modelliermasse aus der Verpackung nehmen und mit dem Rollholz auf einer sauberen, glatten Arbeitsfläche etwa 5 mm dick ausrollen.

2 Die Schüssel kopfüber daraufsetzen. Ringsherum mit einem Messer die Modelliermasse abschneiden. Die Schüssel wegnehmen und den Kreis auf einen flachen Teller oder eine ähnliche feste, glatte Unterlage legen.

3 Die Füße des Babys nacheinander vorsichtig so in die Modelliermasse drücken, dass auch jeder Zeh einen Abdruck hinterlässt. Misslingt der Abdruck, die Masse neu ausrollen und einen zweiten Versuch starten.

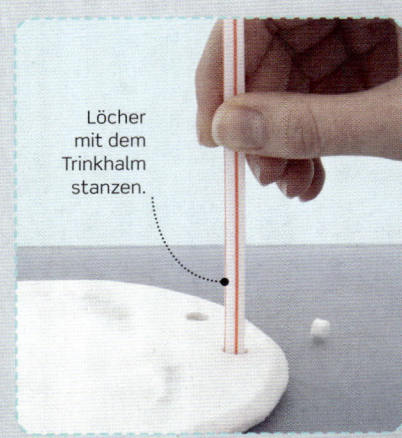

Löcher mit dem Trinkhalm stanzen.

4 **Ist der Abdruck** gelungen, die Modelliermasse wieder auf die Arbeitsfläche legen. Mit dem Trinkhalm mittig unter dem oberen Rand zwei Löcher stechen. Die Modelliermasse an der Luft trocknen und aushärten lassen.

5 **Wenn die Modelliermasse** trocken ist, ein Stück Band zuschneiden, durch die Löcher fädeln und zur Schleife binden. Nun können Sie die kleinen Fußabdrücke aufhängen.

Begrüßungs-karten

Eine selbst gemachte Karte ist ein kleiner Schatz, den die Empfängerin jahrelang hüten wird. Suchen Sie Papiere in schönen Farben und Mustern aus. Sie können die Vorlagen in diesem Buch verwenden oder selbst Motive entwerfen.

MATERIAL ❀ gekaufter Briefumschlag, Farbe und Größe nach eigener Wahl
❀ dicker Tonkarton ❀ Cutter oder Schere ❀ Lineal ❀ Schneidematte (nach Belieben)
❀ verschiedene gemusterte Papiere (z.B. Scrapbook-Papier) ❀ Klebestift
❀ Bleistift ❀ Transparentpapier

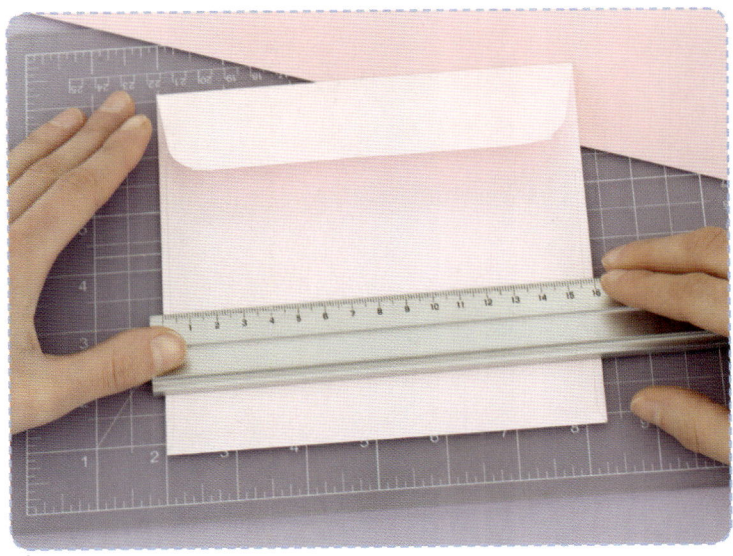

Karton an der geritzten Linie zur Hälfte falten.

1 **Den gekauften Umschlag** genau ausmessen. Den Tonkarton so zuschneiden, dass er gut in den Umschlag passt. Der gefaltete Tonkarton muss in Längs- und Querrichtung etwa 5 mm kleiner sein als der Briefumschlag.

2 **Mit einem Lineal** und dem Rücken einer Scherenklinge oder eines Cutters den Karton auf der Faltlinie vorsichtig anritzen, aber nicht durchtrennen. Den Karton auf dieser Linie falten.

3 **Die Vorderseite der Karte messen.** Ein Stück Scrapbook-Papier zuschneiden, das an allen Seiten 1,5 cm kleiner ist. So entsteht nach dem Aufkleben ringsherum ein Rand.

4 **Das Scrapbook-Papier** mit dem Klebestift genau mittig auf die Vorderseite der gefalteten Karte kleben. Seine Kanten verlaufen exakt parallel zu den Kanten der Kartenvorderseite.

5 **Nun mit Bleistift** Motive nach Wahl von den Vorlagen auf Seite 242 auf das Transparentpapier durchpausen. Das Transparentpapier umdrehen und die Konturen mit Bleistift nachzeichnen.

6 **Das Transparentpapier wieder umdrehen** (das Motiv steht wieder richtig herum) und auf das Scrap-book-Papier legen. Die Konturen nochmals kräftig nachziehen, um sie auf das Papier zu übertragen.

7 **Verwenden Sie für die Motivelemente** verschiedene Papiere. Wenn alle übertragen sind, werden sie mit der Schere oder dem Cutter sauber ausgeschnitten.

8 **Zuerst die Motivteile** nur lose auf die Karte legen und eventuell verschiedene Anordnungen und Positionen ausprobieren.

9 **Wenn die Anordnung stimmt,** zuerst die größeren Motivelemente mit dem Klebestift auf dem Hintergrund festkleben.

10 **Anschließend die kleinen Details** aufkleben und die Karte trocknen lassen.

Cupcake-Geschenkbox

Über eine süße Überraschung freut sich jede frisch gebackene Mama. Und wenn der Inhalt auch noch praktisch fürs Baby ist, umso besser. Wie viele »Törtchen« Sie verschenken, liegt natürlich ganz bei Ihnen.

MATERIAL ✿ 4 Baby-Hemdhöschen in verschiedenen Farben (0–3 Monate)
✿ 1 Paar dünne Handschuhe ✿ 1 Paar Söckchen ✿ 2 m Geschenkband ✿ transparentes Klebeband
✿ normale Schere oder Konturenschere ✿ farbiges oder gemustertes Papier für vier »Cupcake-Formen«
✿ 1 Kuchenschachtel, ca. 16 × 16 cm (nach Belieben)

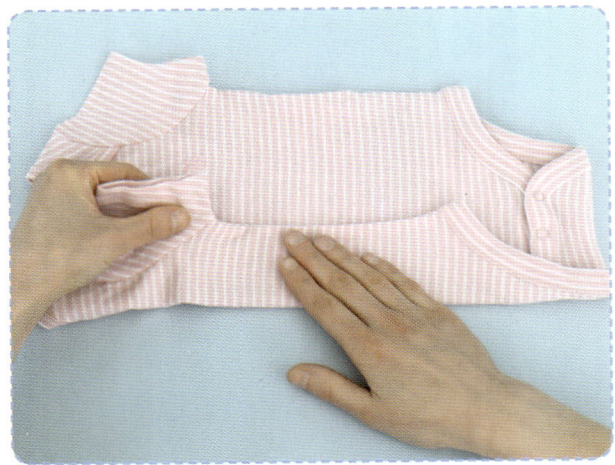

Auf ein Drittel der Breite falten.

1 **Ein Hemdhöschen** flach ausbreiten. Einen Ärmel und ein Drittel der Rumpfbreite zur Mitte falten (siehe Foto).

2 **Die andere Seite** etwa gleich weit zur Mitte falten (siehe Foto).

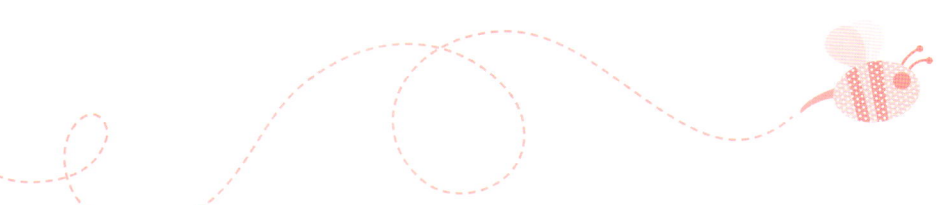

 **TIPP** *Verschenken Sie Hemdchen in appetitlichen »Zuckergussfarben«.*

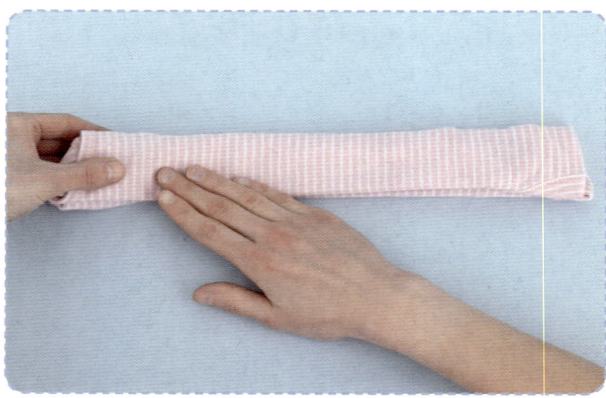

3 **Jetzt das Hemdhöschen** der Länge nach zur Hälfte falten. Sie haben nun einen Streifen von etwa 5 cm Breite vor sich.

4 **Das Bündchen** eines Handschuhs oder Strumpfs knapp unterhalb der Mitte nach oben falten. Die Spitze steht ein kleines Stück über.

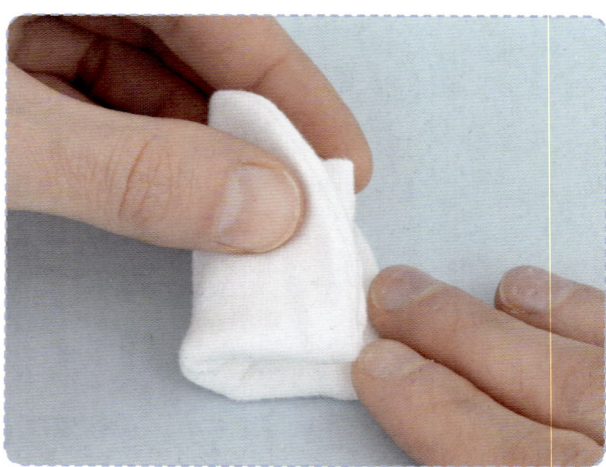

5 **Handschuh oder Strumpf** quer zur Hälfte falten. Gut festhalten.

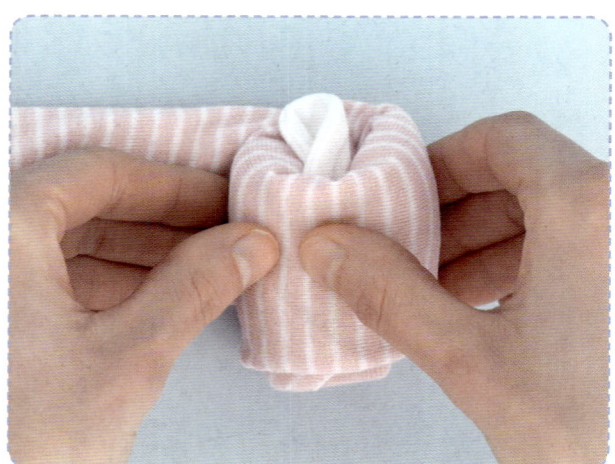

6 **Den gefalteten Handschuh** oder Strumpf an ein Ende des gefalteten Hemdhöschens legen. Das Hemdhöschen aufrollen, dabei die Spitze des Handschuhs oder Strumpfs in der Mitte etwas vorstehen lassen.

7 **Gut festhalten.** Ein Stück Band um den Cupcake wickeln und mit transparentem Klebeband fixieren. Für weitere Cupcakes Schritt 1–7 wiederholen.

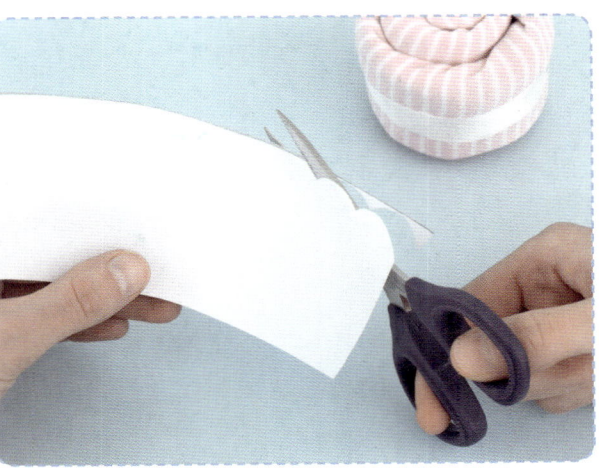

8 **Für die Papierform** die Vorlage von Seite 236 auf einfarbiges oder gemustertes Papier übertragen. Vier Formen ausschneiden. Den oberen Rand als Bogenkante mit einer normalen oder einer Konturenschere zuschneiden. Alternativ können Sie große, gekaufte Cupcake-Förmchen verwenden.

9 **Um jeden Cupcake** eine Papierform wickeln und mit transparentem Klebeband fixieren.

10 **Die Cupcakes** in eine hübsche Schachtel setzen und ein Geschenkband darum binden. Sie können sie auch auf einem schönen Teller oder einer Gebäck-Etagere arrangieren.

Geburtstags-silhouette

Für so ein Bild im Profil muss das Baby sein Köpfchen allein aufrecht halten können. Wie wäre es mit einer Silhouette zur Erinnerung an den ersten Geburtstag? Oder jedes Jahr eine neue, damit Sie verfolgen können, wie sich Ihr Kind im Lauf der Zeit verändert?

MATERIAL ❀ Cutter ❀ Lineal ❀ Schneidematte ❀ gemustertes Papier in der Größe des Rahmens ❀ Foto des Babys im Profil, nach Wunsch vergrößert ❀ Transparentpapier ❀ Bleistift ❀ Schere ❀ einfarbiges Papier in passendem Farbton, groß genug für die Silhouette ❀ Malerkrepp ❀ Klebestift oder Sprühkleber ❀ Bilderrahmen 15 × 15 cm (oder Größe nach eigener Wahl)

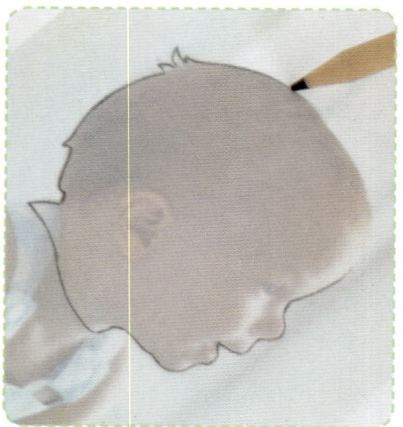

1 **Mit Cutter und Lineal** das gemusterte Papier auf der Schneidematte passend für den Rahmen zuschneiden.

2 **Das Profil des Babys** vom Foto auf Transparentpapier durchpausen und mit der Schere ausschneiden. Dies ist Ihre Schablone.

3 **Die Schablone** mit Malerkrepp auf dem einfarbigen Papier fixieren und den Umriss mit Bleistift nachzeichnen. Dann die Form sorgfältig mit dem Cutter ausschneiden.

4 **Klebstoff auf die Rückseite** der
Silhouette streichen oder sprühen.
Das Profil mittig auf das gemusterte
Papier legen und glatt andrücken.
Wenn der Kleber trocken ist, kann
das Bild gerahmt werden.

Maritime Hemdhöschen

siehe Seite 174–177

Nähen und sticken mit der Hand

Hier finden Sie einige nützliche Stiche zum Nähen und Sticken. Schon eine kleine Stickerei kann aus einem Spielzeug, einer Decke oder einem Kleidungsstück etwas ganz Besonderes machen. Die Enden der Stickfäden werden immer auf der Rückseite ordentlich vernäht oder unter sehr engen Plattstichen versteckt.

Vorstich

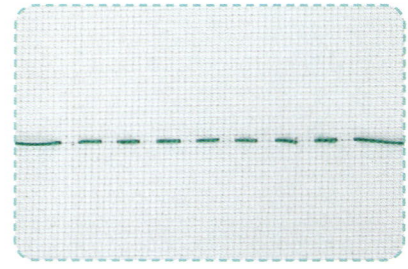

Die Nadel auf der zu stickenden Linie in gleichmäßigen Abständen auf und ab stechen.

Langettenstich

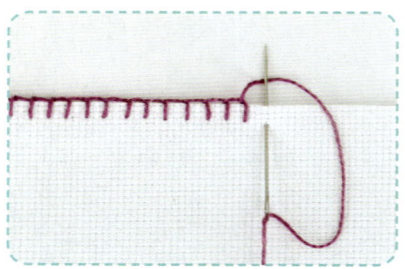

Von links nach rechts arbeiten. Die Nadel auf der rechten Stoffseite einstechen. Den Faden unter die Nadelspitze legen, dann durchziehen. Fortlaufend wiederholen.

Plattstich

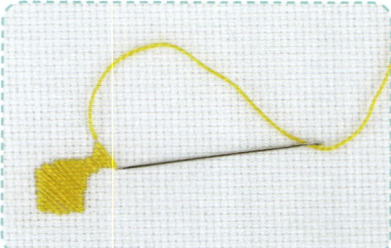

Die Nadel jeweils genau auf den Motivkonturen ein- und ausstechen, dabei die Stiche sehr dicht nebeneinander anordnen, sodass die Stickfäden den Stoff ganz abdecken. Die Fäden nicht zu stramm ziehen.

Knötchenstich

Auf der rechten Seite ausstechen. Den Faden einige Male um die Nadel wickeln und direkt neben der Ausstichstelle wieder einstechen. Den Faden vorsichtig nachziehen.

Senkrechter Saumstich

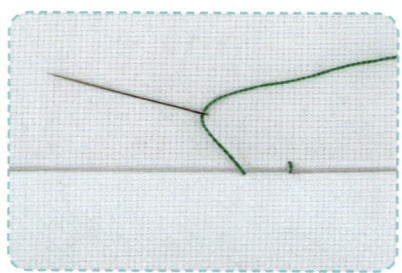

1 **Verbindet zwei Stofflagen** dauerhaft. Von rechts nach links arbeiten. Einen kurzen, senkrechten Stich durch die umgeschlagene Stoffkante arbeiten, weiter links ausstechen.

2 **Einen kleinen** senkrechten Stich in die obere Lage Stoff arbeiten und mit der Nadel ein Stück weiter links wieder ausstechen.

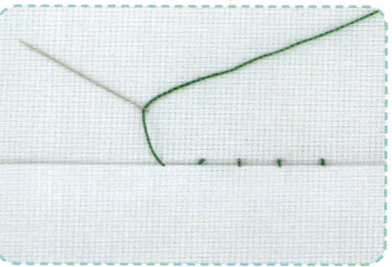

3 **Wiederholen,** den Faden nicht zu stramm ziehen. Auf der rechten Seite sind winzige senkrechte Stiche zu sehen, auf der linken Seite längere waagerechte.

Rückstich

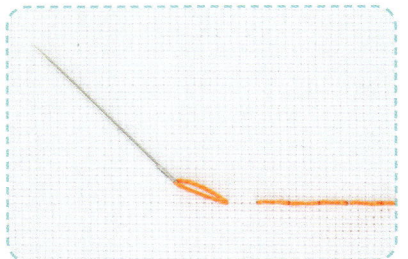
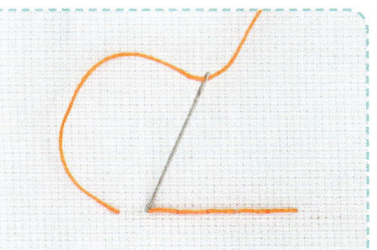

1 **Mit der Nadel** zur Rückseite des Stoffs stechen und ein Stück weiter links wieder herauskommen.

2 **Nun am Anfang** des ersten Stichs einstechen und ein Stück hinter dem ersten Ausstich wieder herauskommen.

3 **Fortlaufend wiederholen.** Der Stich ergibt auf der linken und rechten Stoffseite durchgehende Linien.

Kettenstich

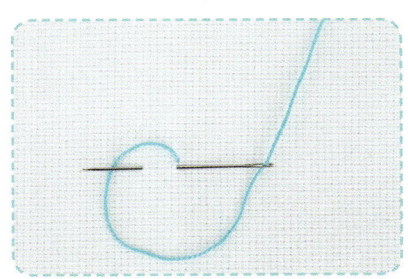
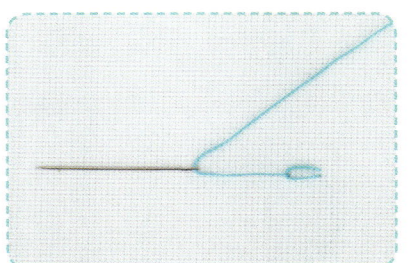
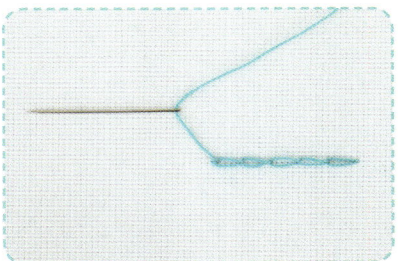

1 **Die Nadel zur Rückseite** des Stoffs und wieder nach vorn stechen. Den Faden unter die Spitze legen (siehe Foto).

2 **Beim Durchziehen** entsteht eine Schlaufe. Die Nadel dort, wo sie in Schritt 1 herauskam, wieder einstechen.

3 **Fortlaufend wiederholen.** Achten Sie auf gleichmäßige Stichlängen, damit die Kette schön gleichmäßig wird.

Margeritenstich

1 **Für das erste Blütenblatt** die Nadel ein- und wieder ausstechen. Den Arbeitsfaden unter die Nadelspitze legen.

2 **Beim Durchziehen** entsteht eine Schlaufe. Knapp außerhalb einstechen, um die Schlaufe mit einem kleinen Stich zu fixieren.

3 **Weitere Blütenblätter** ebenso sticken. Jedes Blütenblatt wird mit einem Stich zu der Mitte der Blüte begonnen.

Schläuche aus Stoff nähen

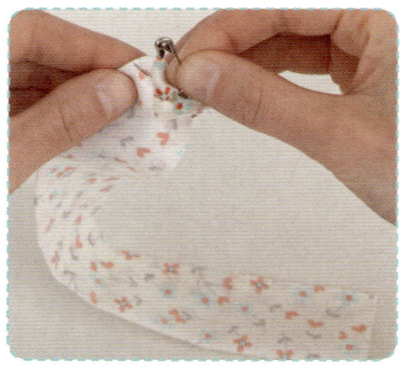

1 **Nachdem die Längsseiten** des Stoffs rechts auf rechts zusammengenäht sind, eine Sicherheitsnadel an einer Schmalseite befestigen.

2 **Die Sicherheitsnadel** in die Öffnung am Ende schieben. Dabei zieht sie das Ende des Stoffschlauchs mit sich.

3 **Die Sicherheitsnadel** mit beiden Händen durch den Schlauch schieben, der sich dabei kräuselt. Die Nadel gut festhalten und immer weiter schieben.

4 **So lange schieben,** bis die Sicherheitsnadel am anderen Ende des Schlauchs herauskommt.

5 **An der Sicherheitsnadel** ziehen, der Rest des Schlauchs folgt nach – bis der ganze Schlauch auf rechts gewendet ist.

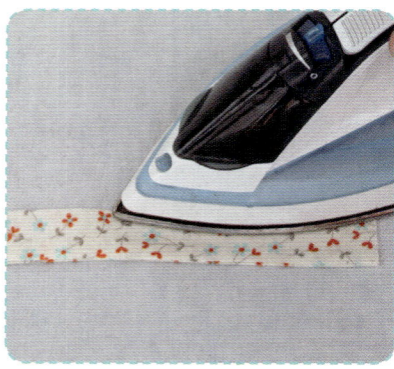

6 **Den Schlauch bügeln.** Je nach Projekt wird die Naht dabei zur Seite oder in die Mitte gedreht.

Kellerfalten einlegen

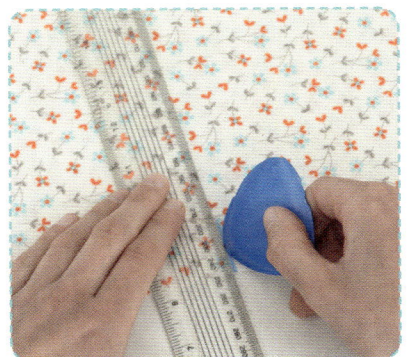

1 **Gemäß der Projektvorlage** die Tasche wie angegeben einfalten und steppen. Dafür an der Unterkante des Taschenstreifens mit Schneiderkreide die Faltlinien ausmessen und markieren.

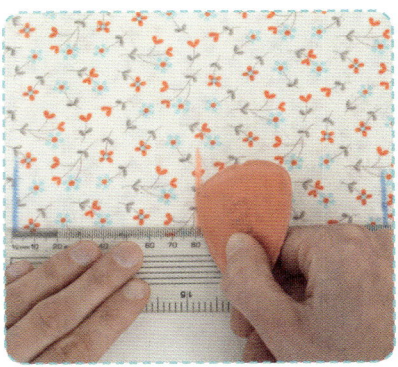

2 **Mit Schneiderkreide** in einer anderen Farbe auch die Stepplinien gemäß Vorlage genau abmessen und anzeichnen.

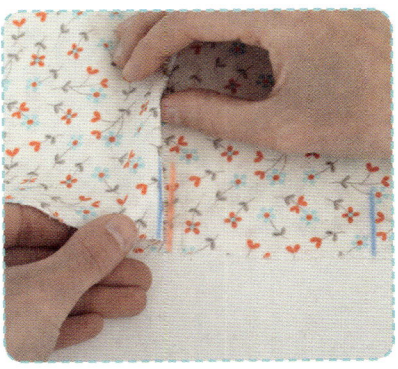

3 **Nun die erste Faltlinie** an die Stepplinie in der Mitte legen. Dabei entsteht eine Falte. Diese Falte mit einer Stecknadel fixieren.

4 **Die nächste Faltlinie** zur gleichen Stepplinie falten. Diese Falte liegt entgegengesetzt zur ersten und wird auch festgesteckt.

5 **Die beiden Faltenkanten** sollen genau zusammentreffen, ohne einander zu überlappen. Für weitere Falten in dem Streifen Schritt 1–5 wiederholen.

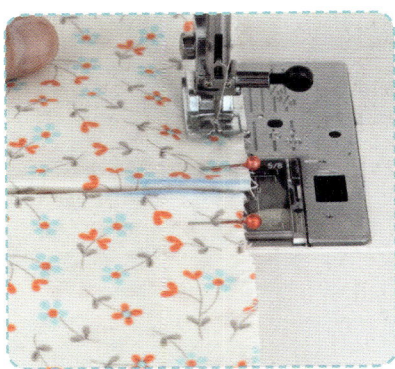

6 **Mit der Nähmaschine** im Geradstich entlang der Unterkante steppen und zugleich die eingelegten Falten fixieren. Dabei die Stecknadeln entfernen. Den Streifen bügeln.

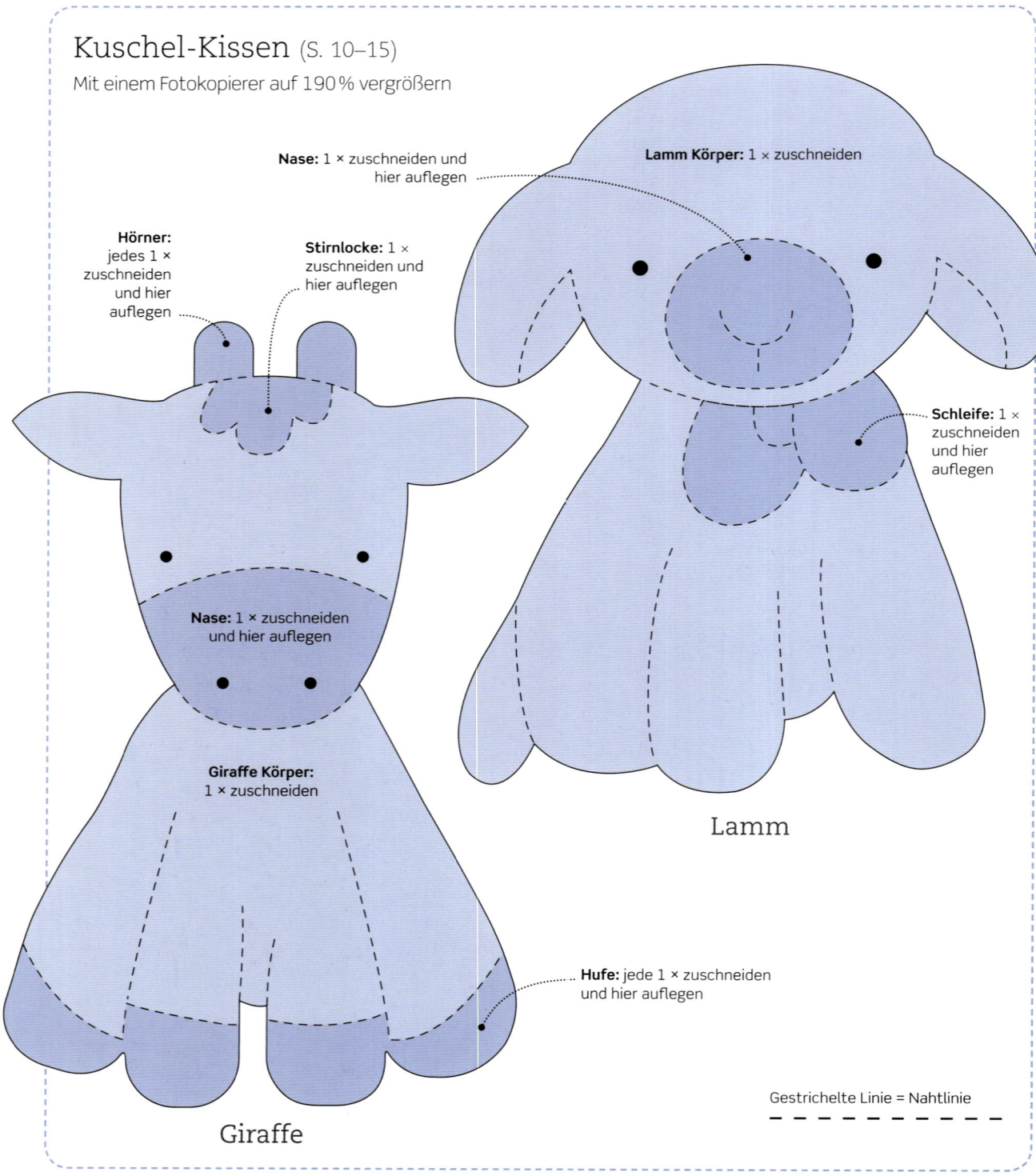

Kuschel-Kissen (S. 10–15)
Mit einem Fotokopierer auf 190 % vergrößern

Nase: 1 × zuschneiden und hier auflegen

Hörner: jedes 1 × zuschneiden und hier auflegen

Stirnlocke: 1 × zuschneiden und hier auflegen

Lamm Körper: 1 × zuschneiden

Schleife: 1 × zuschneiden und hier auflegen

Nase: 1 × zuschneiden und hier auflegen

Giraffe Körper: 1 × zuschneiden

Lamm

Hufe: jede 1 × zuschneiden und hier auflegen

Gestrichelte Linie = Nahtlinie

Giraffe

Schäfchen-Decke (S. 36–39)
Mit einem Fotokopierer auf 190 % vergrößern

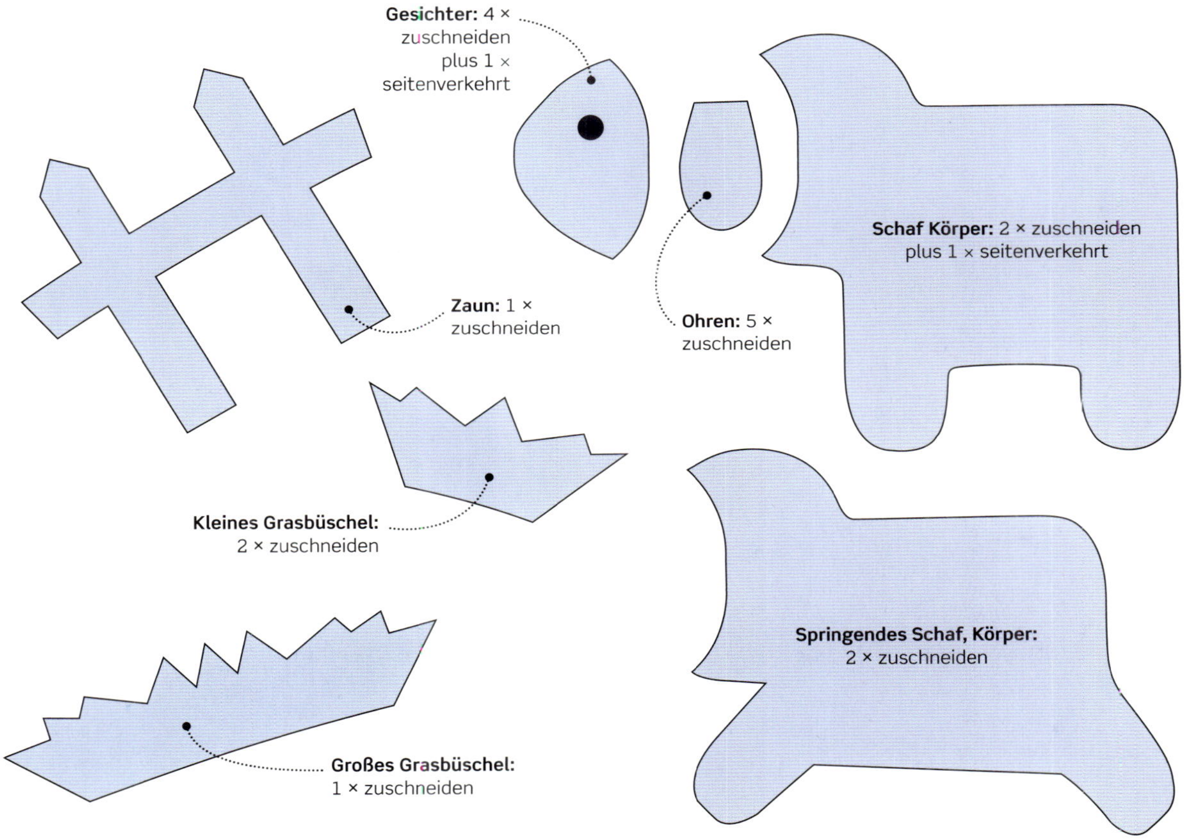

Gesichter: 4 ×
zuschneiden
plus 1 ×
seitenverkehrt

Schaf Körper: 2 × zuschneiden
plus 1 × seitenverkehrt

Zaun: 1 ×
zuschneiden

Ohren: 5 ×
zuschneiden

Kleines Grasbüschel:
2 × zuschneiden

Springendes Schaf, Körper:
2 × zuschneiden

Großes Grasbüschel:
1 × zuschneiden

So werden die Teile auf der Decke angeordnet:

Kleine-Freunde-Mobile (S. 56–59)

Mit einem Fotokopierer auf 180 % vergrößern

Esel

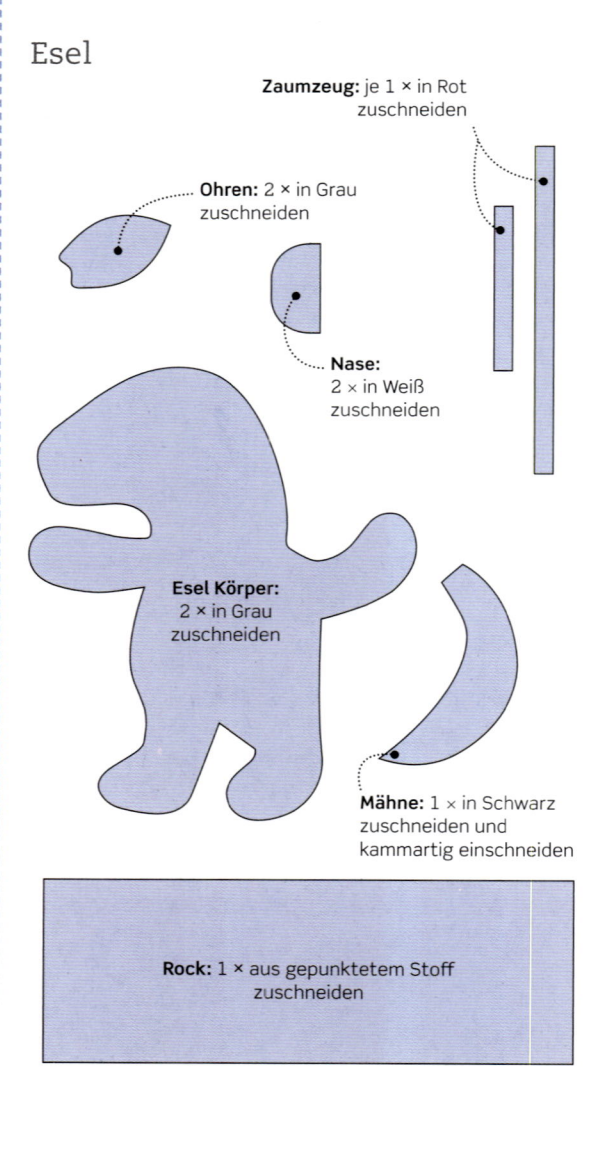

Zaumzeug: je 1 × in Rot
zuschneiden

Ohren: 2 × in Grau
zuschneiden

Nase:
2 × in Weiß
zuschneiden

Esel Körper:
2 × in Grau
zuschneiden

Mähne: 1 × in Schwarz
zuschneiden und
kammartig einschneiden

Rock: 1 × aus gepunktetem Stoff
zuschneiden

Eichhörnchen

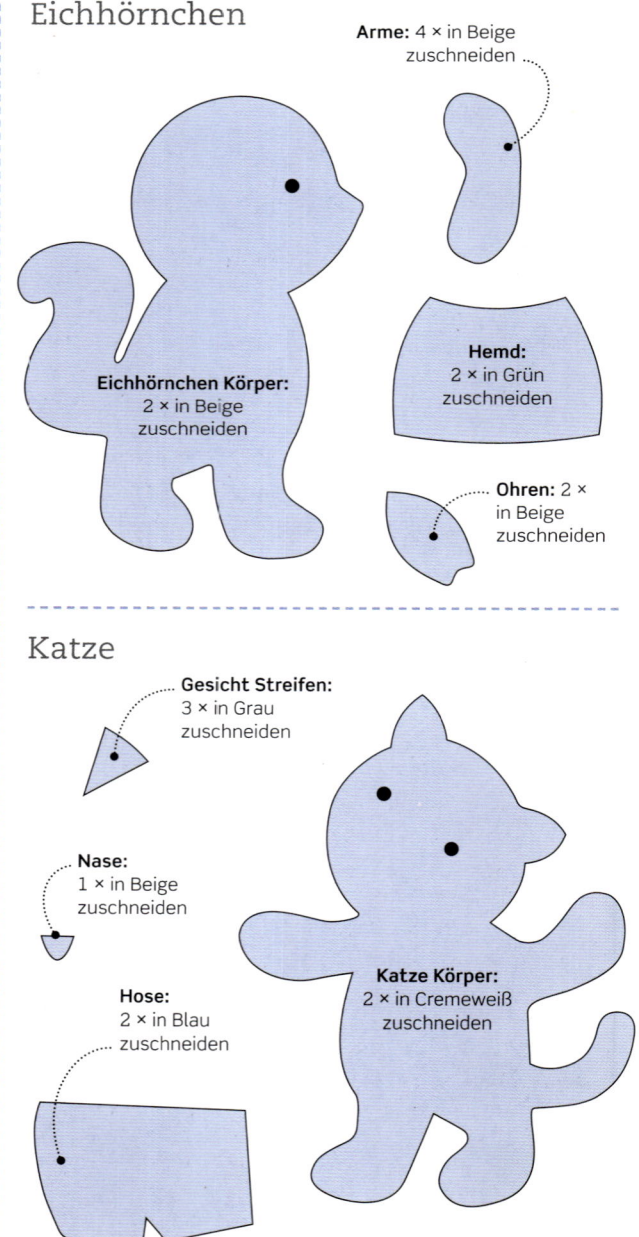

Arme: 4 × in Beige
zuschneiden

Eichhörnchen Körper:
2 × in Beige
zuschneiden

Hemd:
2 × in Grün
zuschneiden

Ohren: 2 ×
in Beige
zuschneiden

Katze

Gesicht Streifen:
3 × in Grau
zuschneiden

Nase:
1 × in Beige
zuschneiden

Hose:
2 × in Blau
zuschneiden

Katze Körper:
2 × in Cremeweiß
zuschneiden

Giraffe

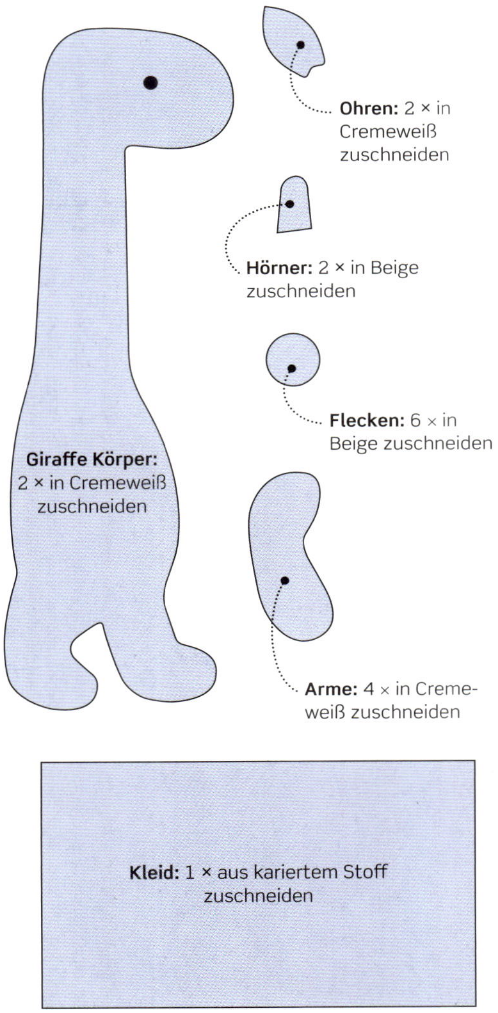

Ohren: 2 × in Cremeweiß zuschneiden

Hörner: 2 × in Beige zuschneiden

Flecken: 6 × in Beige zuschneiden

Giraffe Körper: 2 × in Cremeweiß zuschneiden

Arme: 4 × in Creme-weiß zuschneiden

Kleid: 1 × aus kariertem Stoff zuschneiden

Elefant

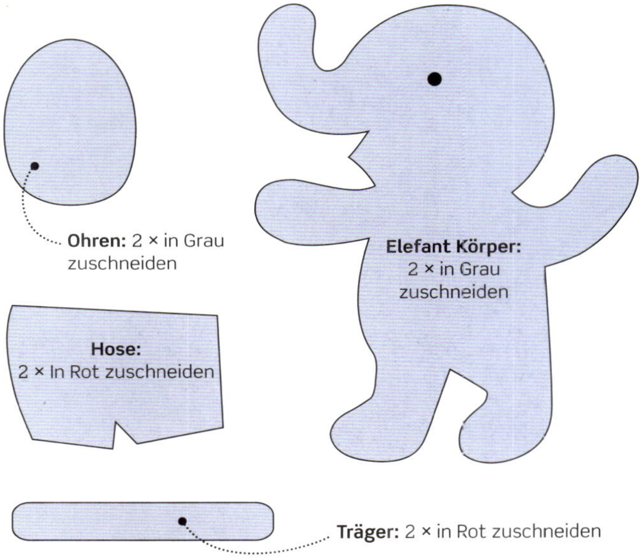

Ohren: 2 × in Grau zuschneiden

Elefant Körper: 2 × in Grau zuschneiden

Hose: 2 × In Rot zuschneiden

Träger: 2 × in Rot zuschneiden

Fuchs

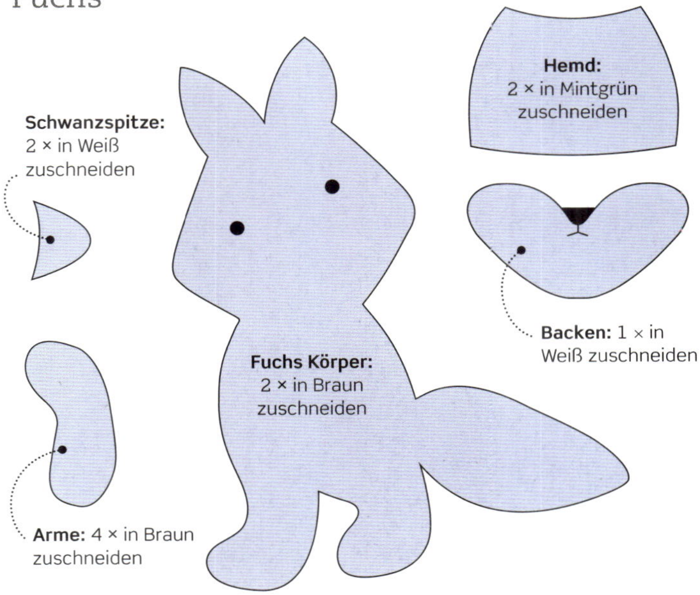

Schwanzspitze: 2 × in Weiß zuschneiden

Hemd: 2 × in Mintgrün zuschneiden

Fuchs Körper: 2 × in Braun zuschneiden

Backen: 1 × in Weiß zuschneiden

Arme: 4 × in Braun zuschneiden

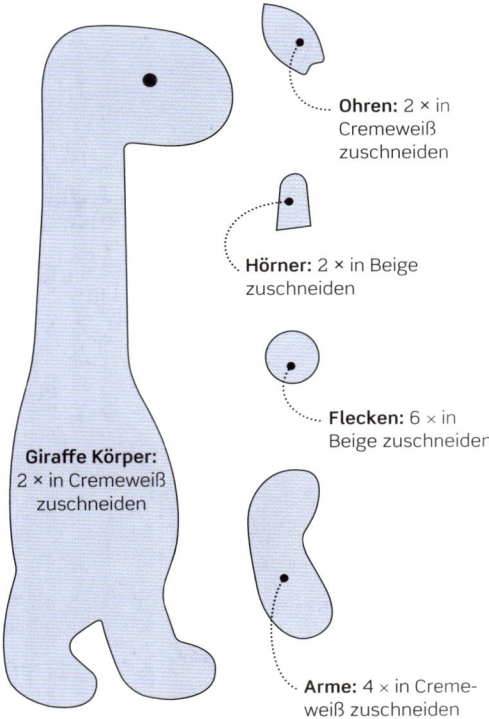

Badespaß Pinguin-Paar (S. 44–49)
Mit einem Fotokopierer auf 200 % vergrößern

Pinguin-Badetuch

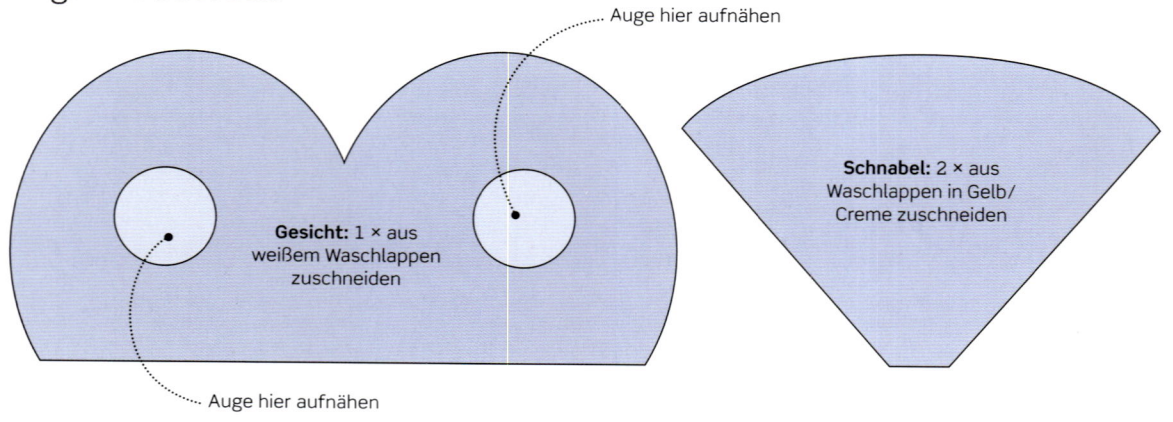

Auge hier aufnähen

Gesicht: 1 × aus weißem Waschlappen zuschneiden

Auge hier aufnähen

Schnabel: 2 × aus Waschlappen in Gelb/Creme zuschneiden

Pinguin-Figur

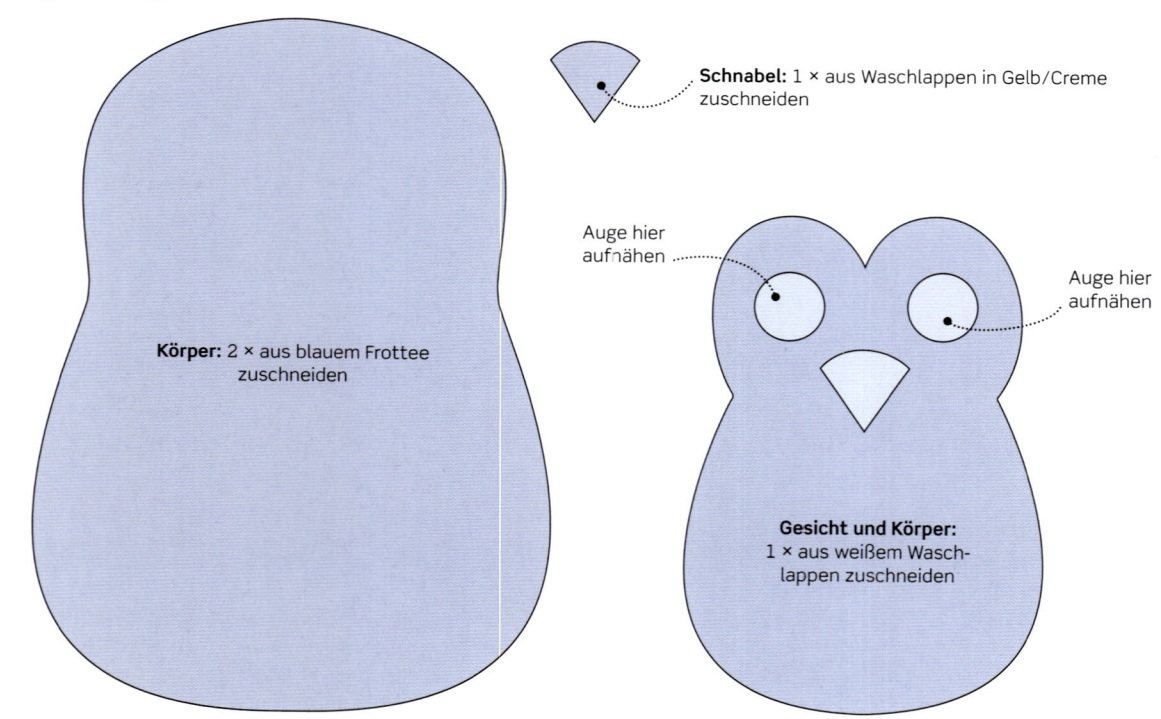

Schnabel: 1 × aus Waschlappen in Gelb/Creme zuschneiden

Körper: 2 × aus blauem Frottee zuschneiden

Auge hier aufnähen

Auge hier aufnähen

Gesicht und Körper: 1 × aus weißem Waschlappen zuschneiden

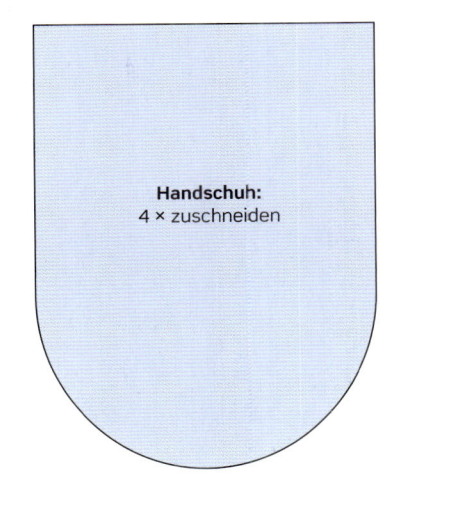

Blütenblätter-Spielmatte (S. 52–55)
Mit einem Fotokopierer auf 200 % vergrößern

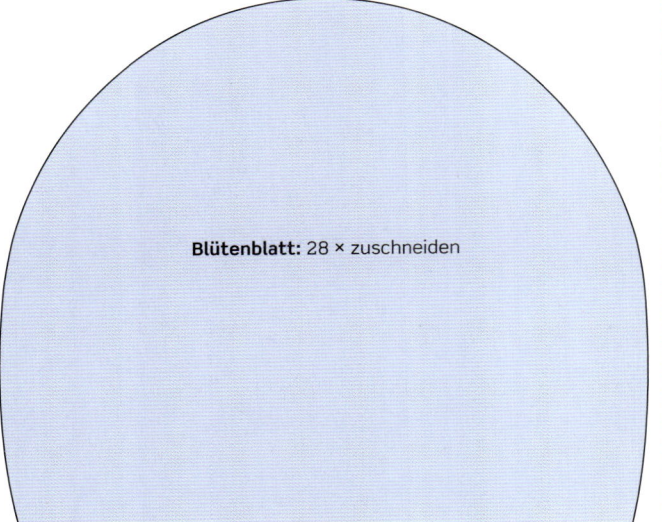

Blütenblatt: 28 × zuschneiden

Handschuhe (S. 186–189)
Mit einem Fotokopierer auf 200 % vergrößern

Handschuh:
4 × zuschneiden

Knopf-Kaninchen (S. 28–29)
Mit einem Fotokopierer auf 200 % vergrößern

Kaninchen:
1 × zuschneiden

Stirnband mit Rosette (S. 178–181)
Hemdchen mit Rosetten (S. 160–165)
Mit einem Fotokopierer auf 200 % vergrößern

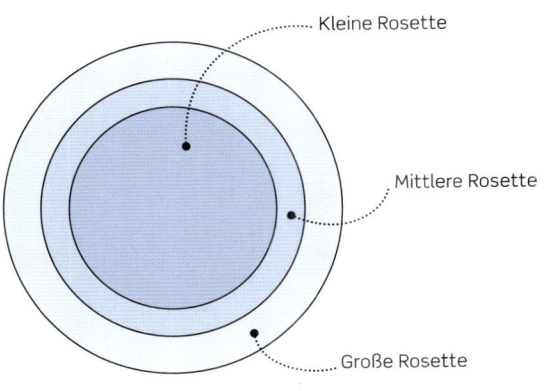

Kleine Rosette

Mittlere Rosette

Große Rosette

Nachthimmel-Mobile (S. 18–21)

Mit einem Fotokopierer auf 170 % vergrößern

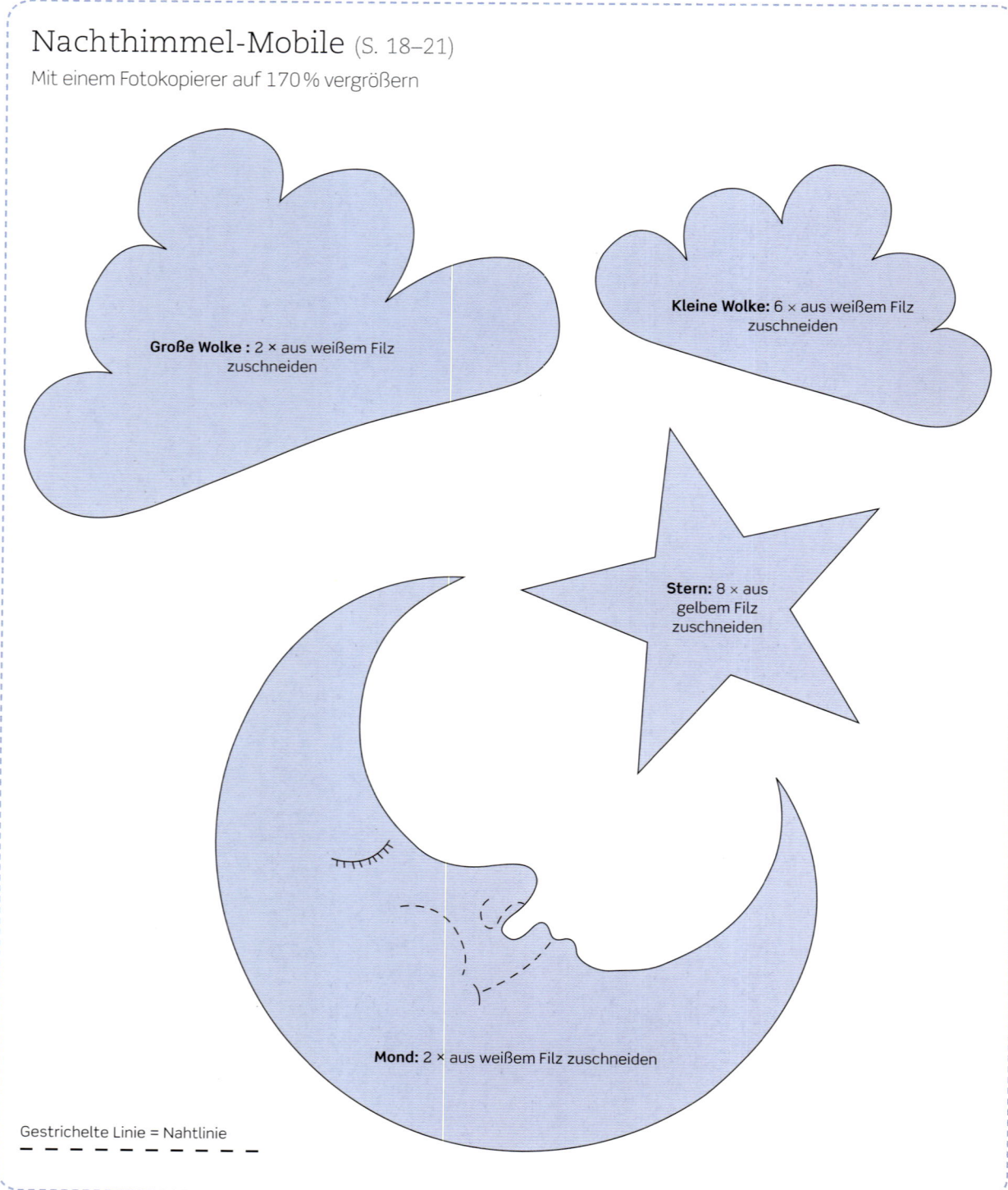

Große Wolke : 2 × aus weißem Filz zuschneiden

Kleine Wolke: 6 × aus weißem Filz zuschneiden

Stern: 8 × aus gelbem Filz zuschneiden

Mond: 2 × aus weißem Filz zuschneiden

Gestrichelte Linie = Nahtlinie

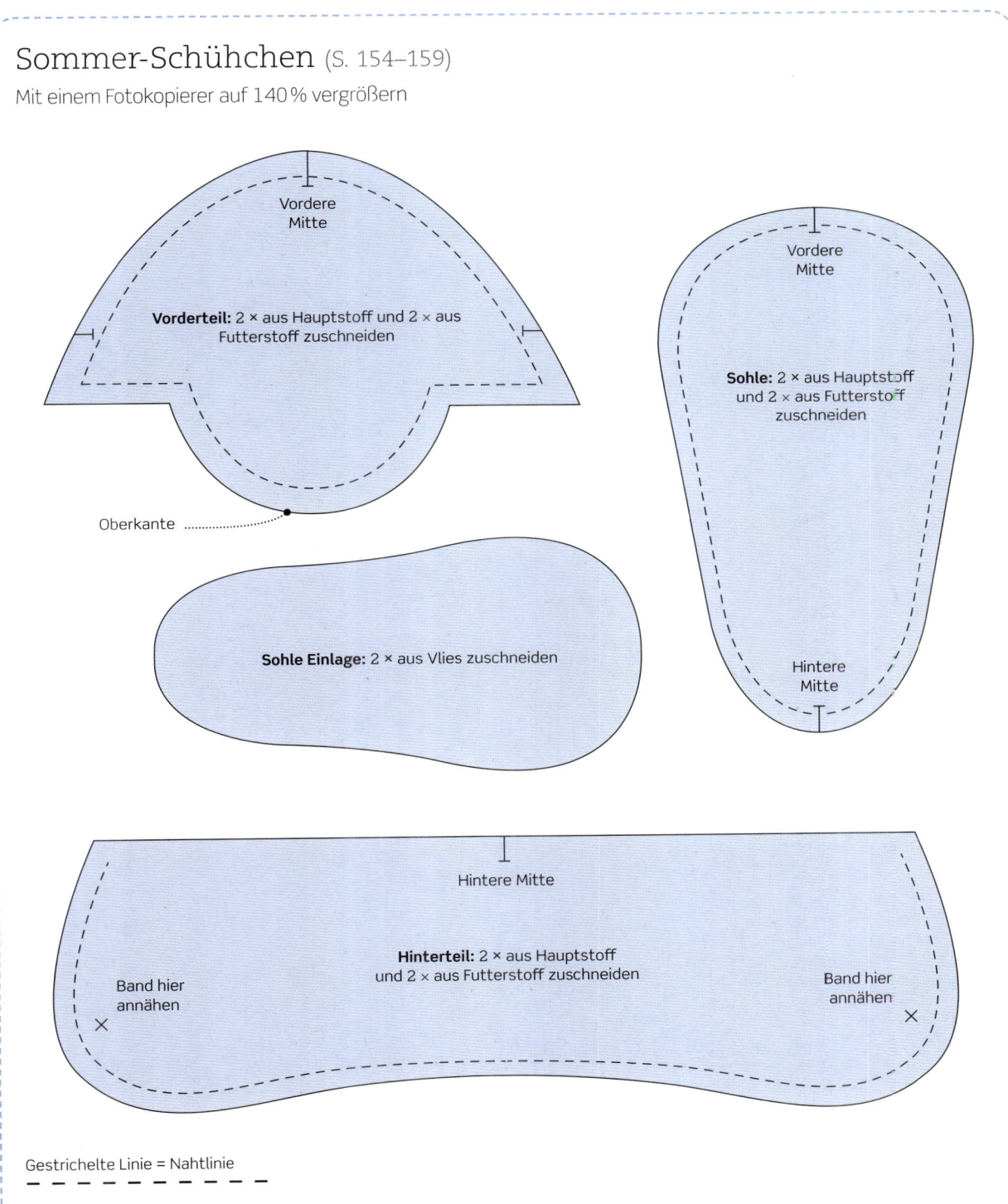

Sommer-Schühchen (S. 154–159)

Mit einem Fotokopierer auf 140 % vergrößern

Vorderteil: 2 × aus Hauptstoff und 2 × aus Futterstoff zuschneiden

Vordere Mitte

Oberkante

Vordere Mitte

Sohle: 2 × aus Hauptstoff und 2 × aus Futterstoff zuschneiden

Hintere Mitte

Sohle Einlage: 2 × aus Vlies zuschneiden

Hintere Mitte

Hinterteil: 2 × aus Hauptstoff und 2 × aus Futterstoff zuschneiden

Band hier annähen

Band hier annähen

Gestrichelte Linie = Nahtlinie

Klapper-Hund (S. 104–107)
Mit einem Fotokopierer auf 200 % vergrößern

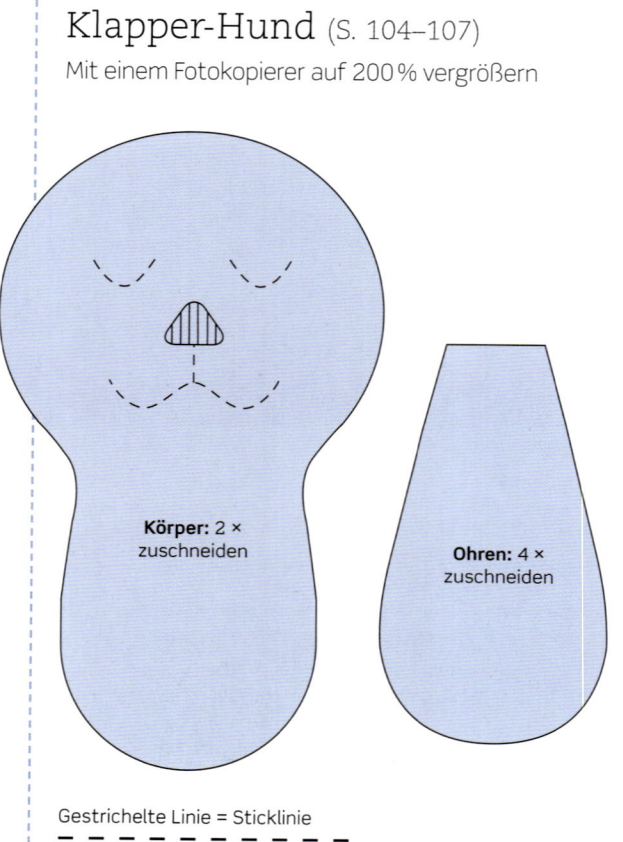

Körper: 2 × zuschneiden

Ohren: 4 × zuschneiden

Gestrichelte Linie = Sticklinie

Schmetterling (S. 130–135)
Mit einem Fotokopierer auf 200 % vergrößern

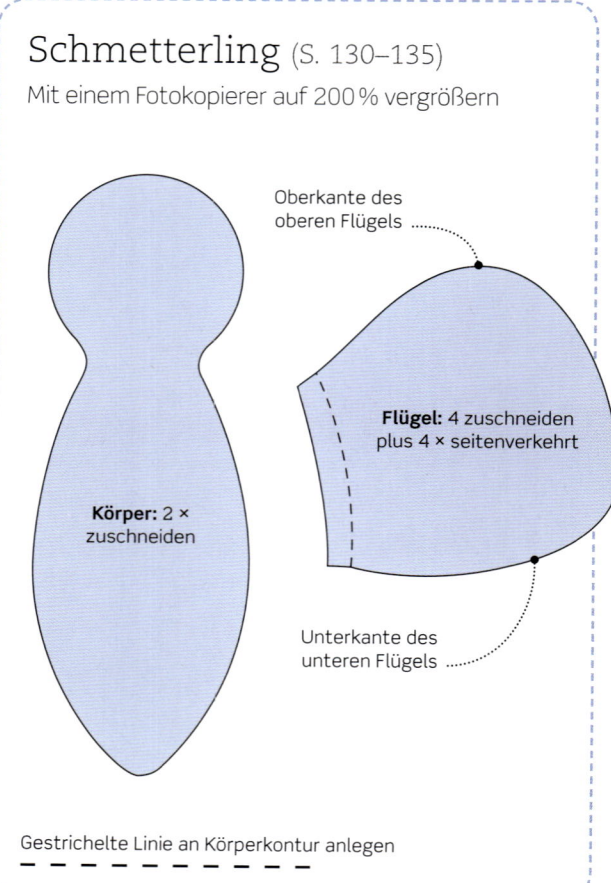

Oberkante des oberen Flügels

Flügel: 4 zuschneiden plus 4 × seitenverkehrt

Körper: 2 × zuschneiden

Unterkante des unteren Flügels

Gestrichelte Linie an Körperkontur anlegen

Cupcakes (S. 216–219)
Mit einem Fotokopierer auf 200 % vergrößern

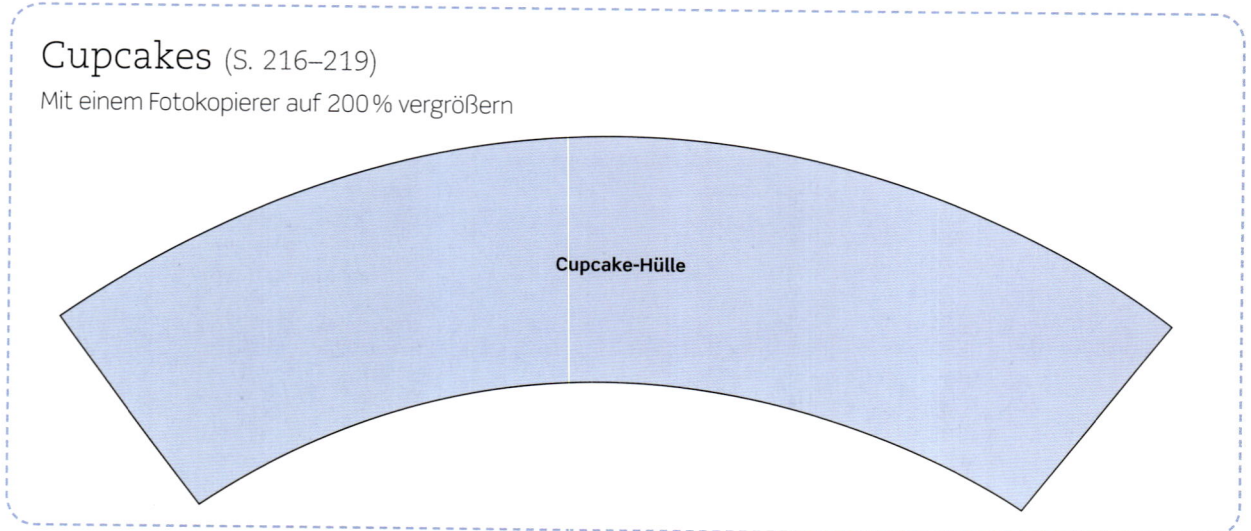

Cupcake-Hülle

Wimpelkette (S. 40–43)

Mit einem Fotokopierer auf 330 % vergrößern

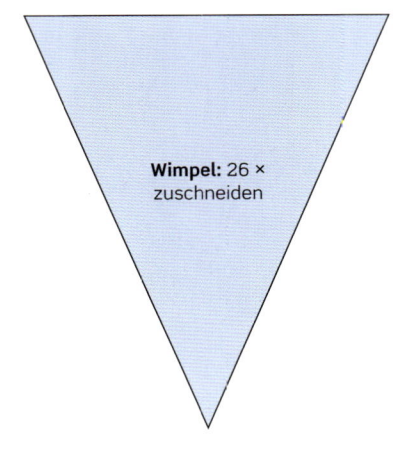

Wimpel: 26 × zuschneiden

Kuschel-Krake (S. 124–129)

Mit einem Fotokopierer auf 330 % vergrößern

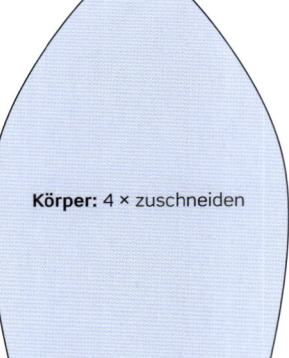

Körper: 4 × zuschneiden

Unterteil: 1 × zuschneiden

Fangarme: 16 × zuschneiden

Wal Wanda (S. 96–99)

Mit einem Fotokopierer auf 330 % vergrößern

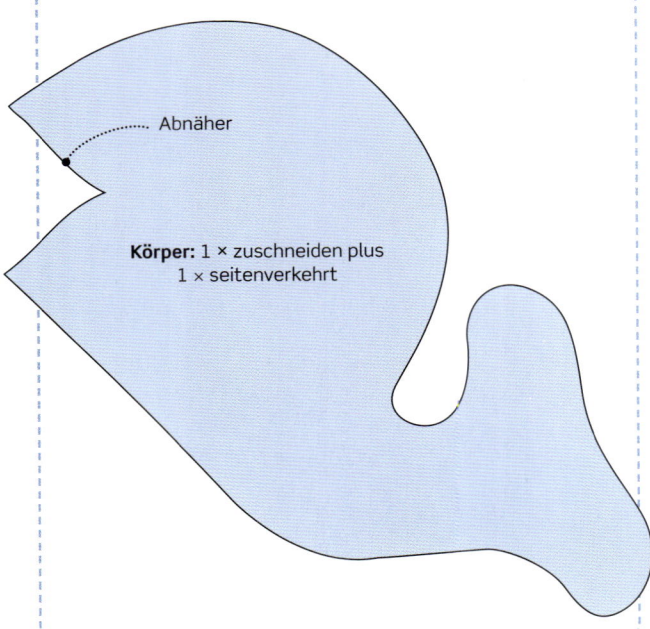

Abnäher

Körper: 1 × zuschneiden plus 1 × seitenverkehrt

Sonnenhut (S. 166–171)
Mit einem Fotokopierer auf 225 % vergrößern

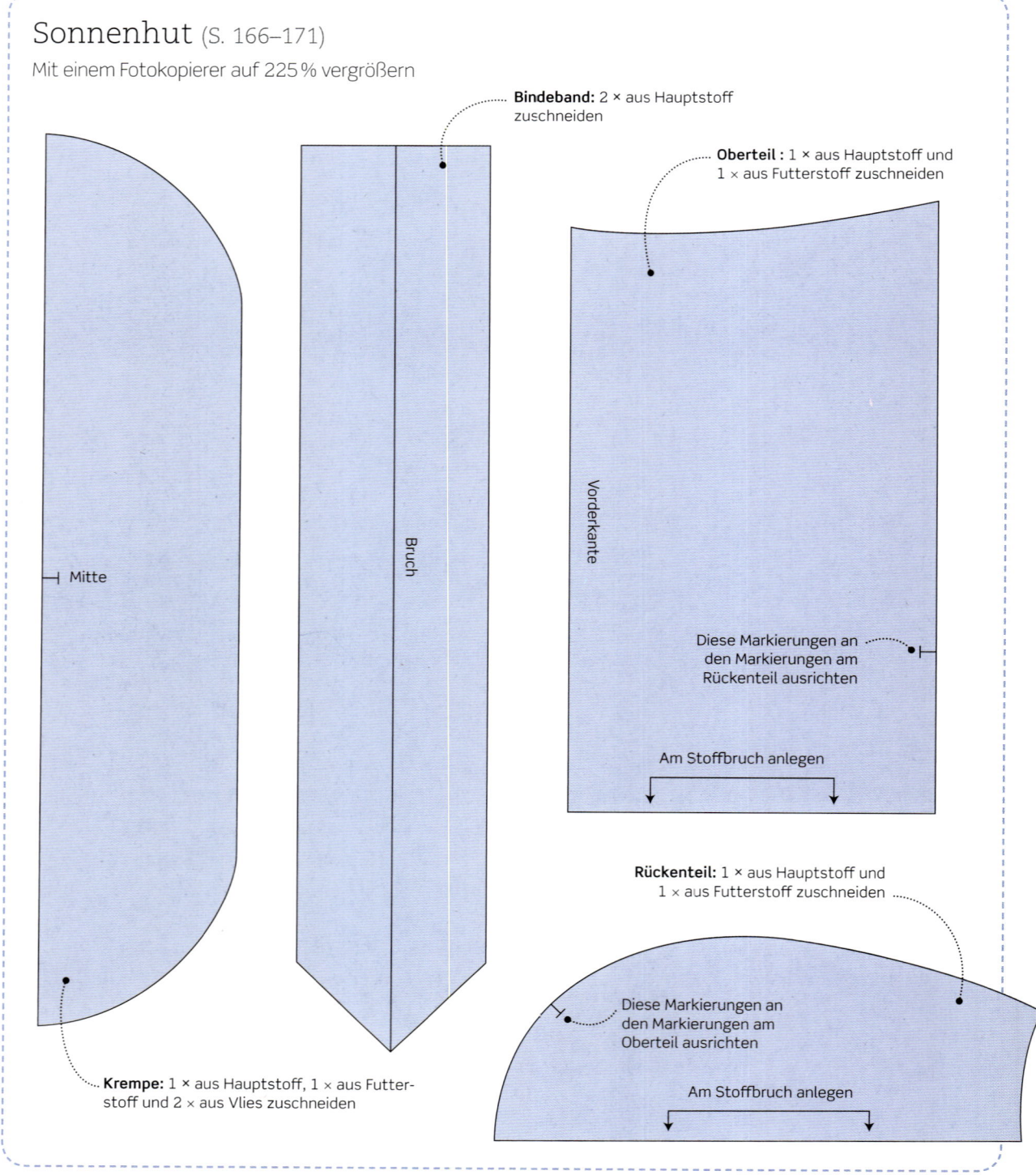

Bindeband: 2 × aus Hauptstoff zuschneiden

Oberteil : 1 × aus Hauptstoff und 1 × aus Futterstoff zuschneiden

Bruch

Vorderkante

Mitte

Diese Markierungen an den Markierungen am Rückenteil ausrichten

Am Stoffbruch anlegen

Rückenteil: 1 × aus Hauptstoff und 1 × aus Futterstoff zuschneiden

Diese Markierungen an den Markierungen am Oberteil ausrichten

Am Stoffbruch anlegen

Krempe: 1 × aus Hauptstoff, 1 × aus Futterstoff und 2 × aus Vlies zuschneiden

Eulen-Kissen (S. 74–77)
Mit einem Fotokopierer auf 225 % vergrößern

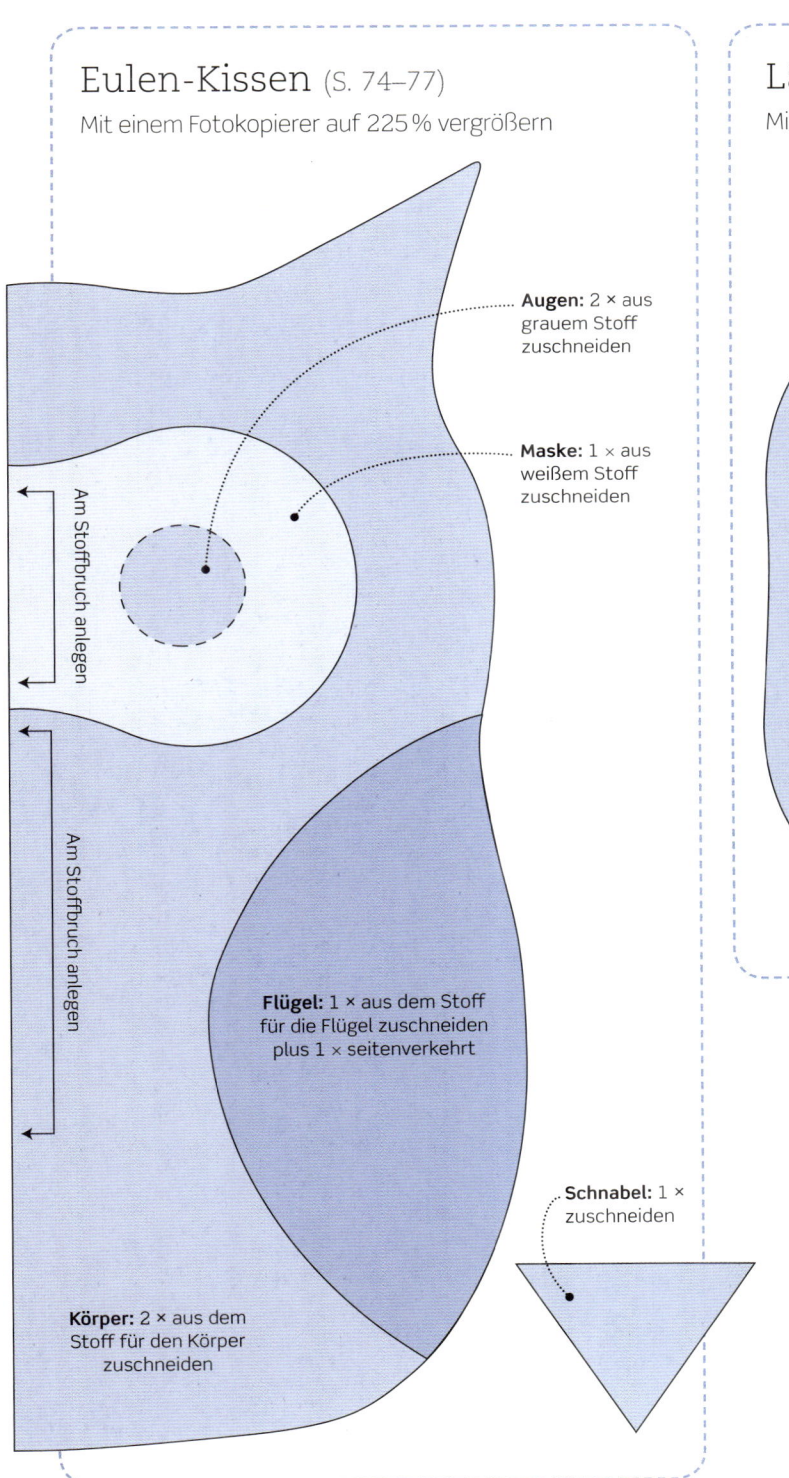

Augen: 2 × aus grauem Stoff zuschneiden

Maske: 1 × aus weißem Stoff zuschneiden

Am Stoffbruch anlegen

Am Stoffbruch anlegen

Flügel: 1 × aus dem Stoff für die Flügel zuschneiden plus 1 × seitenverkehrt

Schnabel: 1 × zuschneiden

Körper: 2 × aus dem Stoff für den Körper zuschneiden

Lätzchen (S. 150–153)
Mit einem Fotokopierer auf 305 % vergrößern

Klettband annähen

Mitte

Lätzchen: 1 × aus Oberstoff und 1 × aus Frottee zuschneiden

Mitte

Süßes Sommerkleid (S. 190–195)

Mit einem Fotokopierer auf 400 % vergrößern

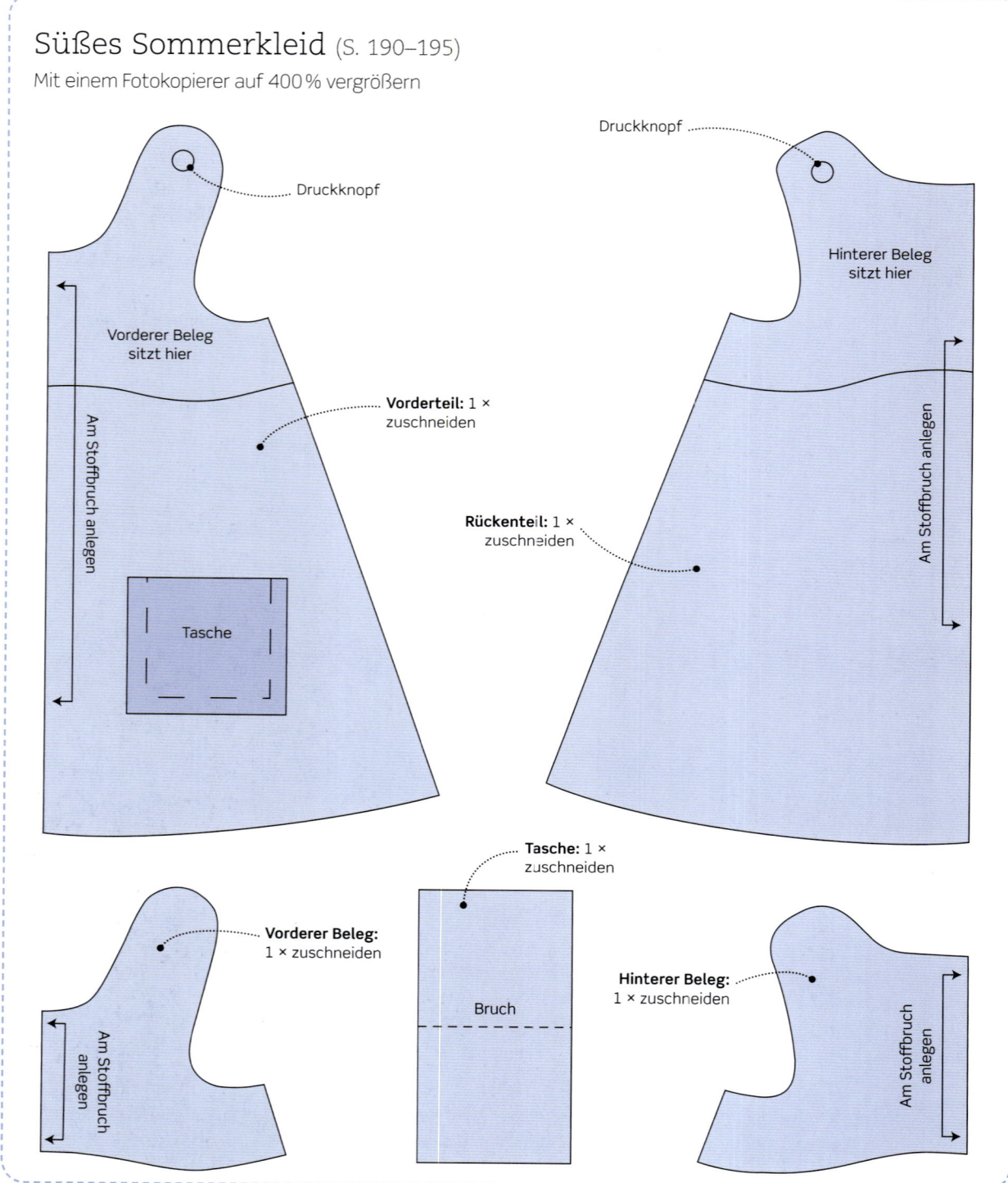

Druckknopf

Druckknopf

Hinterer Beleg
sitzt hier

Vorderer Beleg
sitzt hier

Vorderteil: 1 ×
zuschneiden

Rückenteil: 1 ×
zuschneiden

Am Stoffbruch anlegen

Am Stoffbruch anlegen

Tasche

Tasche: 1 ×
zuschneiden

Vorderer Beleg:
1 × zuschneiden

Bruch

Hinterer Beleg:
1 × zuschneiden

Am Stoffbruch anlegen

Am Stoffbruch anlegen

Maritime Hemdhöschen (S. 174–177)

Mit einem Fotokopierer auf 170 % oder auf gewünschte Größe vergrößern

Sternenhimmel-Wickeldecke (S. 66–69)

Originalgröße

Allererste Mütze (S. 182–185)

Mit einem Fotokopierer auf 165 % vergrößern

Mütze: 2 × kurz aus bedrucktem Stoff zuschneiden, 2 × lang aus einfarbigem Stoff

Schnittlinie für kurze Teile ....

Schnittlinie für lange Teile ....

Begrüßungskarten (S. 212–215)
Mit einem Fotokopierer auf 155 % vergrößern

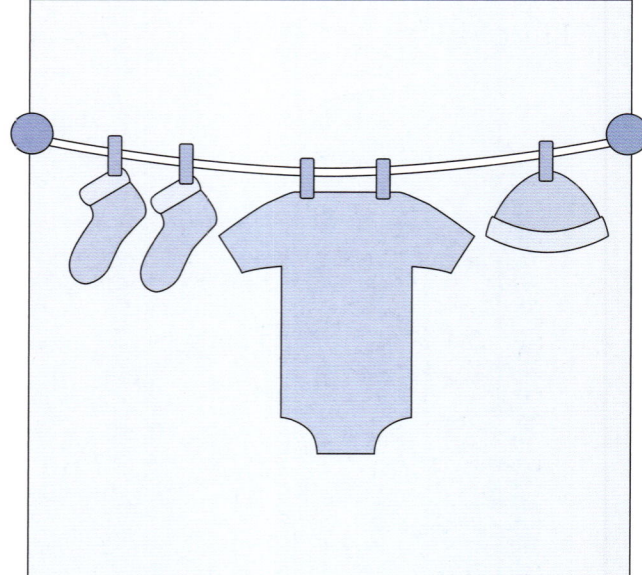

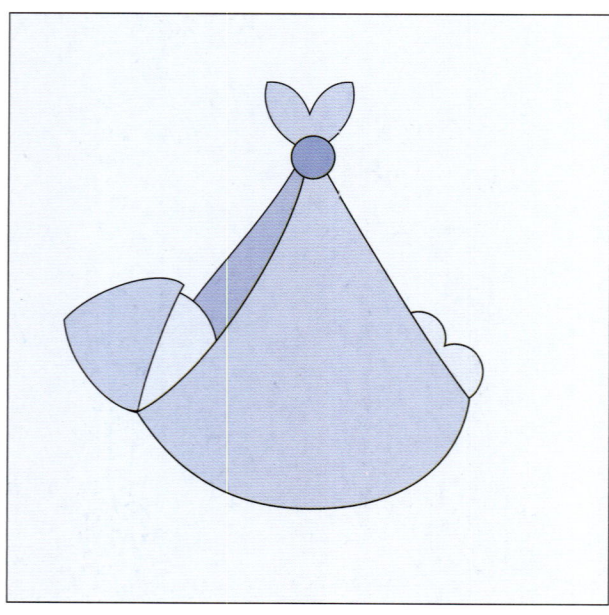

Safari-Fingerpuppen (S. 144–147)
Originalgröße

Für alle Puppen

Kopf: für jede Figur
2 × zuschneiden

Flusspferd

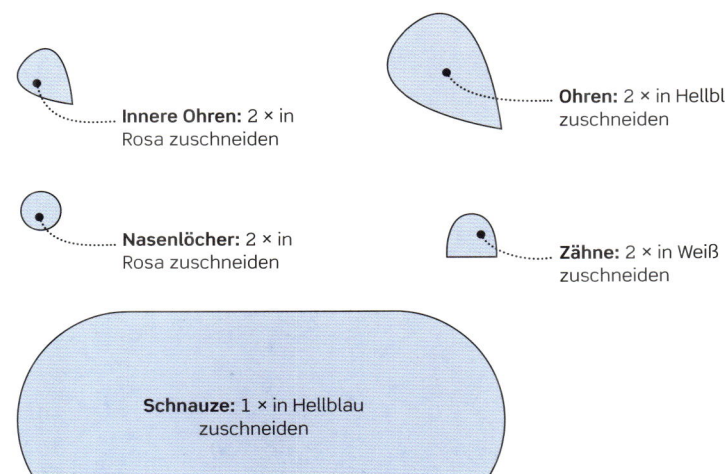

Innere Ohren: 2 × in
Rosa zuschneiden

Nasenlöcher: 2 × in
Rosa zuschneiden

Ohren: 2 × in Hellblau
zuschneiden

Zähne: 2 × in Weiß
zuschneiden

Schnauze: 1 × in Hellblau
zuschneiden

Zebra

Streifen: alle
in Schwarz
zuschneiden

Mähne: 1 ×
in Schwarz
zuschneiden

Ohren: 2 ×
in Weiß
zuschneiden

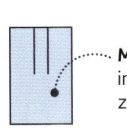

**Innere
Ohren:** 2 ×
in Rosa
zuschneiden

Nase: 1 ×
in Schwarz
zuschneiden

Krokodil

Augen: 2 ×
in Weiß
zuschneiden

Zähne: 10 × in Weiß
zuschneiden

Löwe

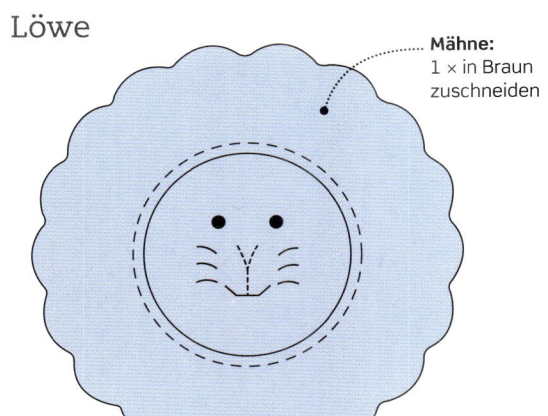

Mähne:
1 × in Braun
zuschneiden

Stapelringe (S. 112–115)

Mit einem Fotokopierer auf 145 % vergrößern

Sonne

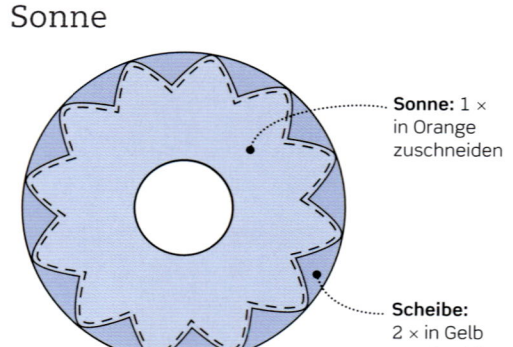

Sonne: 1 × in Orange zuschneiden

Scheibe: 2 × in Gelb zuschneiden

Blatt

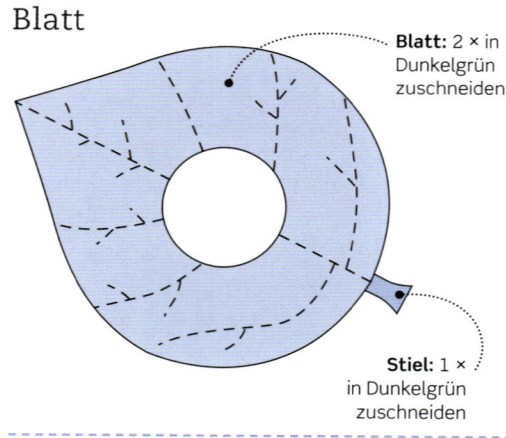

Blatt: 2 × in Dunkelgrün zuschneiden

Stiel: 1 × in Dunkelgrün zuschneiden

Marienkäfer

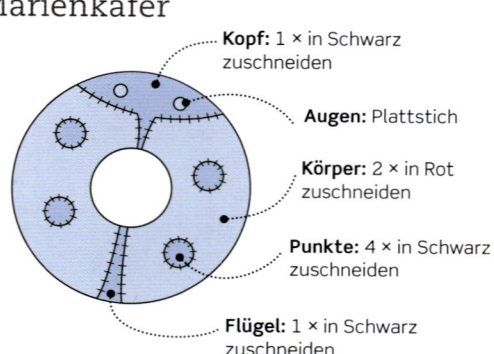

Kopf: 1 × in Schwarz zuschneiden

Augen: Plattstich

Körper: 2 × in Rot zuschneiden

Punkte: 4 × in Schwarz zuschneiden

Flügel: 1 × in Schwarz zuschneiden

Vogel

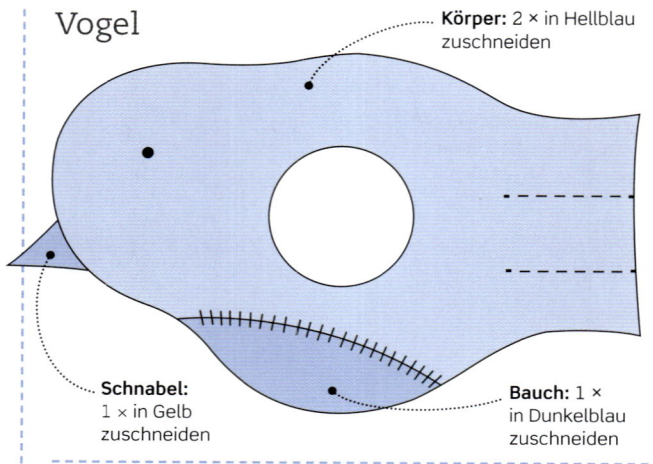

Körper: 2 × in Hellblau zuschneiden

Schnabel: 1 × in Gelb zuschneiden

Bauch: 1 × in Dunkelblau zuschneiden

Blume

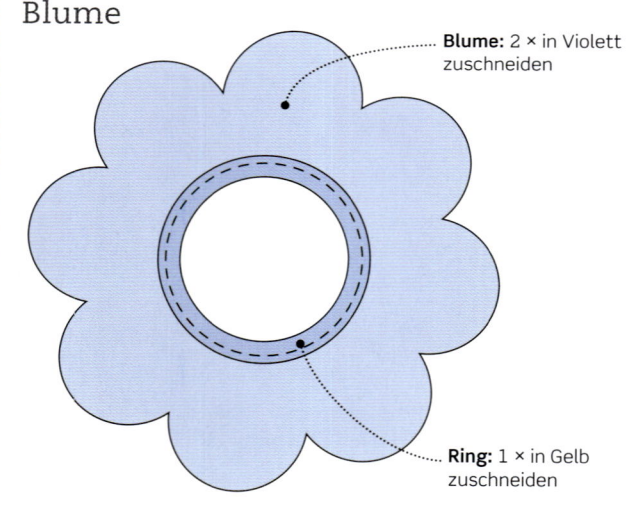

Blume: 2 × in Violett zuschneiden

Ring: 1 × in Gelb zuschneiden

Pfosten

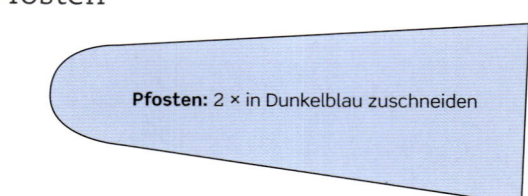

Pfosten: 2 × in Dunkelblau zuschneiden

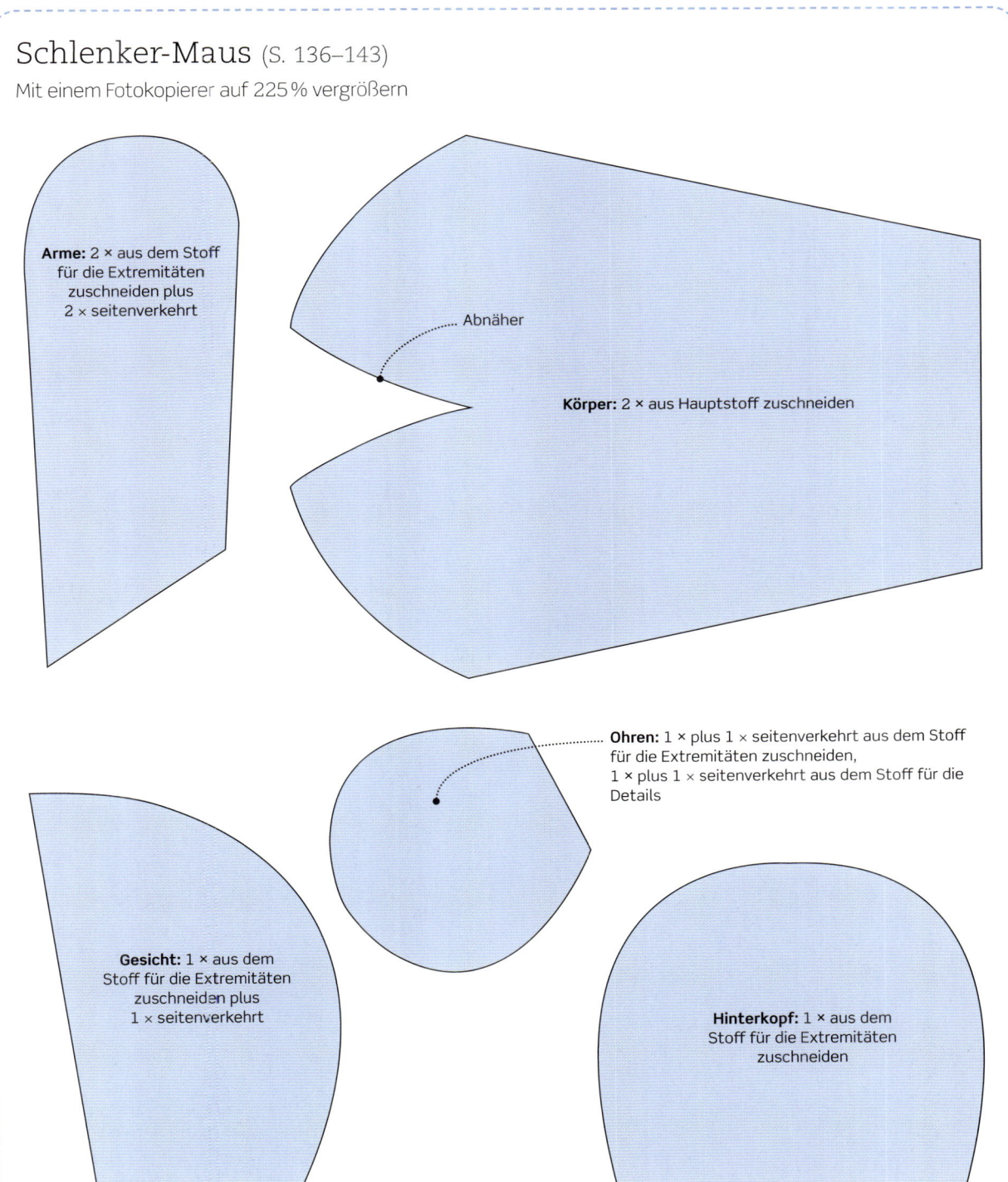

Schlenker-Maus (S. 136–143)

Mit einem Fotokopierer auf 225 % vergrößern

Arme: 2 × aus dem Stoff für die Extremitäten zuschneiden plus 2 × seitenverkehrt

······ Abnäher

Körper: 2 × aus Hauptstoff zuschneiden

Ohren: 1 × plus 1 × seitenverkehrt aus dem Stoff für die Extremitäten zuschneiden, 1 × plus 1 × seitenverkehrt aus dem Stoff für die Details

Gesicht: 1 × aus dem Stoff für die Extremitäten zuschneiden plus 1 × seitenverkehrt

Hinterkopf: 1 × aus dem Stoff für die Extremitäten zuschneiden

Feenhaus-Türstopper (S. 60–65)

Mit einem Fotokopierer auf die Größe eines Saftkartons vergrößern, ca. 170 %

Bögen für Giebel und Dachkante: in Flieder in passender Länge zuschneiden, mit Langettenstich festnähen

Vordertür: 1 × in Flieder zuschneiden. Kanten mit Langettenstich aufnähen, Streifen mit Vorstich sticken

Blumenranke mit Margeriten-stich und Knötchenstichen in der Mitte der Blüten sticken

Blumentöpfe: 2 × in Hellbraun zuschneiden, unauffällig aufnähen

Bögen für Dachfirst: 1 × in Flieder zuschneiden, sorgfältig festnähen, nicht ganz durch den Filz stechen

Dach: 2 × in Violett gemäß Karton zuschneiden. Dachziegel mit Vorstich in Kontrastfarbe aufsticken

Boden: 1 × in Hellblau gemäß Saftkarton-Schablone zuschneiden

Vorder- und Rückseite: 2 × in Hellblau gemäß Saftkarton-Schablone zuschneiden

Seiten: 2 × in Hellblau gemäß Saftkarton-Schablone zuschneiden

Hintertür-Scheiben: 2 × in Violett zuschneiden, Kanten mit Langettenstich aufnähen

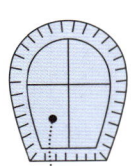 

Fenster hinten: 2 × in Flieder zuschneiden, Kanten mit Langettenstich aufnähen

Wolken: 2 × in Grau zuschneiden, Kanten mit Langettenstich auf den Griff nähen

Baumkrone: 1 × in Grün zuschneiden, Kanten mit Langettenstich auf eine Hausseite nähen, Margeritenstiche in die Mitte sticken

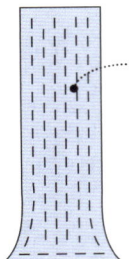

Baumstamm: 1 × in Dunkelbraun zuschneiden, mit Vorstich auf einer Hausseite befestigen

Regenbogen-Griff: 6 Streifen von je 30 × 1 cm in Rot, Orange, Gelb, Grün, Blau und dunklem Violett zuschneiden. 1 Streifen von 30 × 3,5 cm in Violett für die Rückseite zuschneiden

Griff Hintertür: 1 × in Violett zuschneiden

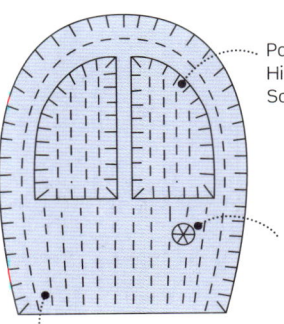

— Position der Hintertür-Scheiben

— Position des Türgriffs

Hintertür: 1 × in Flieder zuschneiden

Herz: 1 × in Rosa zuschneiden, mit unauffälligen Stichen auf die Vorderseite des Hauses nähen

Fenster vorn: 2 × in Flieder zuschneiden, Kanten mit Langettenstich aufnähen

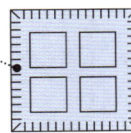

Pilzhut: 1 × in Rot zuschneiden, Kanten mit Langettenstich auf eine Hausseite nähen, weiße Punkte mit Plattstich aufsticken

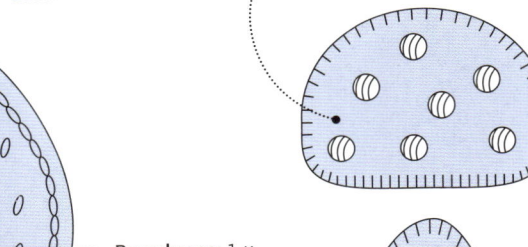

Baumkrone: 1 × in Grün zuschneiden, Kanten und Mitte mit Kettenstich auf einer Hausseite befestigen

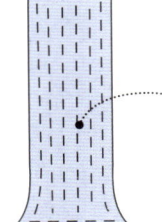

Baumstamm: 1 × in Dunkelbraun zuschneiden, mit Vorstich auf einer Hausseite befestigen

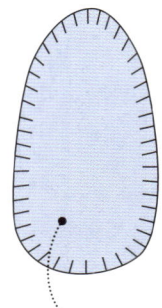

Pilzstiel: 1 × in Beige zuschneiden, mit Langettenstich auf einer Hausseite befestigen

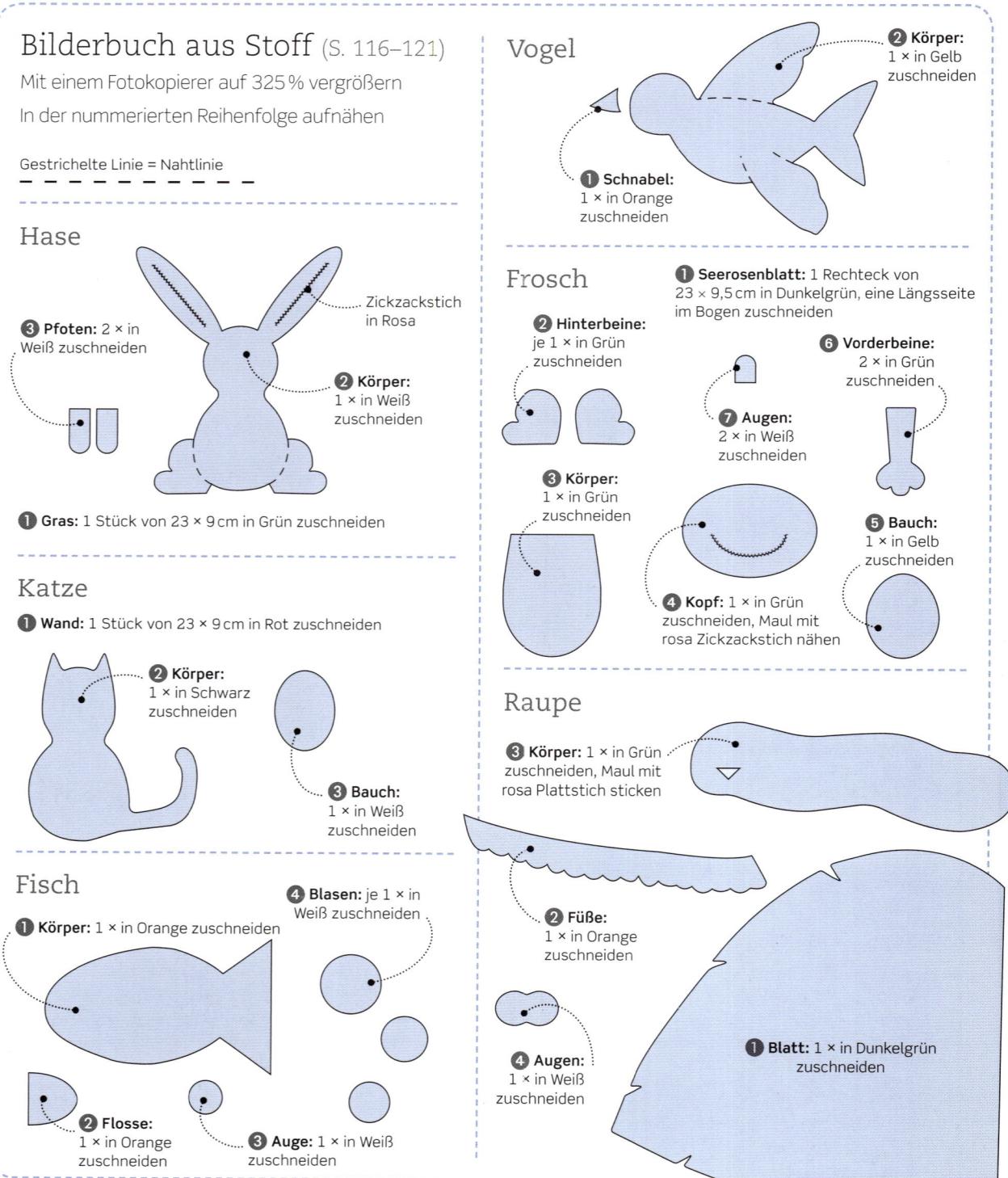

Bilderbuch aus Stoff (S. 116–121)

Mit einem Fotokopierer auf 325 % vergrößern

In der nummerierten Reihenfolge aufnähen

Gestrichelte Linie = Nahtlinie

Hase

3 Pfoten: 2 × in Weiß zuschneiden

2 Körper: 1 × in Weiß zuschneiden

Zickzackstich in Rosa

1 Gras: 1 Stück von 23 × 9 cm in Grün zuschneiden

Katze

1 Wand: 1 Stück von 23 × 9 cm in Rot zuschneiden

2 Körper: 1 × in Schwarz zuschneiden

3 Bauch: 1 × in Weiß zuschneiden

Fisch

1 Körper: 1 × in Orange zuschneiden

4 Blasen: je 1 × in Weiß zuschneiden

2 Flosse: 1 × in Orange zuschneiden

3 Auge: 1 × in Weiß zuschneiden

Vogel

2 Körper: 1 × in Gelb zuschneiden

1 Schnabel: 1 × in Orange zuschneiden

Frosch

1 Seerosenblatt: 1 Rechteck von 23 × 9,5 cm in Dunkelgrün, eine Längsseite im Bogen zuschneiden

2 Hinterbeine: je 1 × in Grün zuschneiden

6 Vorderbeine: 2 × in Grün zuschneiden

7 Augen: 2 × in Weiß zuschneiden

3 Körper: 1 × in Grün zuschneiden

5 Bauch: 1 × in Gelb zuschneiden

4 Kopf: 1 × in Grün zuschneiden, Maul mit rosa Zickzackstich nähen

Raupe

3 Körper: 1 × in Grün zuschneiden, Maul mit rosa Plattstich sticken

2 Füße: 1 × in Orange zuschneiden

4 Augen: 1 × in Weiß zuschneiden

1 Blatt: 1 × in Dunkelgrün zuschneiden

Babys Handgepäck (S. 204–209)

Alle Teile gemäß Schemazeichnungen zuschneiden.

Vorlage für abgerundete Ecke auf 265 % vergrößern

Abgerundete Ecke

Seitentaschen 14 × 29,5 cm:
2 × aus Hauptstoff zuschneiden

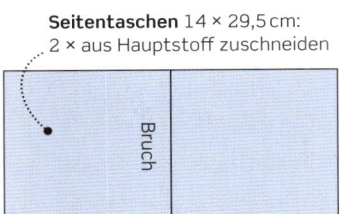

Bruch

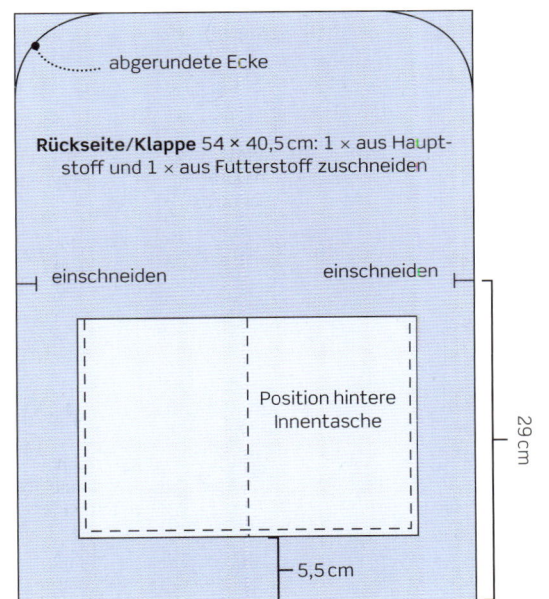

abgerundete Ecke

Rückseite/Klappe 54 × 40,5 cm: 1 × aus Hauptstoff und 1 × aus Futterstoff zuschneiden

einschneiden   einschneiden

Position hintere Innentasche

29 cm

5,5 cm

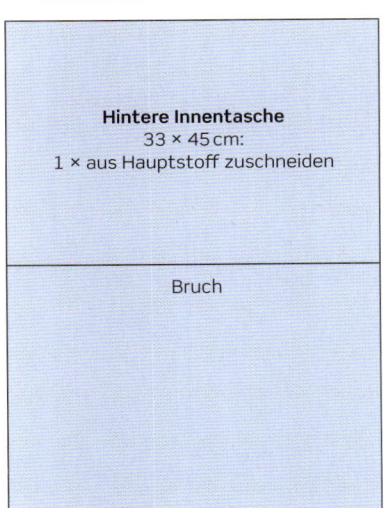

Hintere Innentasche
33 × 45 cm:
1 × aus Hauptstoff zuschneiden

Bruch

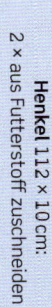

Henkel 112 × 10 cm:
2 × aus Futterstoff zuschneiden

Vorderteil 30 × 40,5 cm: 1 × aus Hauptstoff und 1 × aus Futterstoff zuschneiden

Position vordere Innentasche

7 cm

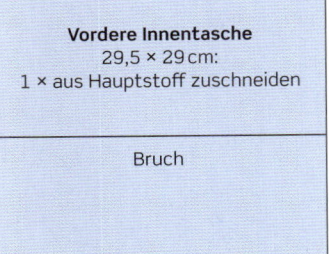

Vordere Innentasche
29,5 × 29 cm:
1 × aus Hauptstoff zuschneiden

Bruch

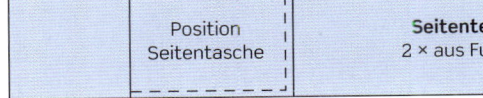

Position Seitentasche

Seitenteil/Boden 94 × 10 cm:
2 × aus Futterstoff zuschneiden

Position Seitentasche

Auf jeder Tasche die Nahtlinie in der unteren Mitte anzeichnen. Auf der vorderen und hinteren Innentasche die Faltlinien für die Kellerfalten 2 cm beiderseits der Nahtlinien anzeichnen. Auf den Seitentaschen liegen die Faltlinien für die Kellerfalten 5 mm beiderseits der Nahtlinie.

Glossar

Abnäher Schräg zulaufende, eingesteppte Falte zur Formgebung.

Absteppen Nachnähen einer Kante von der rechten Seite des Projekts, meist zu dekorativen Zwecken.

Applikation Dekoratives Motiv, das aus Stoff ausgeschnitten und auf einen anderen Stoff aufgenäht wird.

Baumwolle Weicher, haltbarer und preiswerter Stoff, der sich für viele Näharbeiten eignet. Er wird aus den Fasern hergestellt, von denen die Samen der Baumwollpflanze bedeckt sind.

Beleg Stofflage im Inneren eines Kleidungsstücks zum Versäubern einer Kante (meist Arm- oder Halsausschnitt). Wird meistens separat zugeschnitten, kann aber auch angeschnitten sein.

Druckknöpfe Knöpfe, die für verdeckte Verschlüsse mit geringer Belastung verwendet werden.

Einfassung Stoffstreifen, der um eine unversäuberte Stoffkante genäht wird.

Einhalten Gleichmäßiges Verteilen der Stoffbreite beim Zusammensetzen zweier Kanten, die etwas unterschiedlich lang sind (beispielsweise beim Einsetzen des Ärmels in einen Armausschnitt).

Einlage Stoff, der zum Versteifen zwischen Oberstoff und Futter gelegt wird. In verschiedenen Festigkeitsgraden zum Aufbügeln und Einnähen erhältlich.

Filz Stabiler Stoff aus Fasern, die durch Hitze, Feuchtigkeit und Druck miteinander verfilzt sind. Filz franst nicht aus, muss also nicht versäubert werden.

Filzwolle Lange Bündel von Wollfasern, die nicht zu Garn versponnen sind.

Freezer Paper Ursprünglich ein beschichtetes Papier zum Verpacken gefrorener Lebensmittel. Heute ein Spezialpapier für Näh- und Bastelarbeiten mit einer einseitigen Beschichtung, die sich aufbügeln und später spurlos wieder ablösen lässt. Im Fachhandel und online erhältlich.

Frottee Baumwollstoff mit dichten, kleinen Schlingen auf einer Seite.

Geradstich Der meistverwendete Stich auf der Nähmaschine. Die Stichlänge kann entsprechend der verarbeiteten Stoffstärke verstellt werden.

Heften Vorläufiges Zusammennähen von Stoffteilen mit langen Vorstichen, die nach dem endgültigen Nähen wieder entfernt werden.

Hintere Mitte Die senkrechte Symmetrieachse auf dem Rückenteil eines Schnittmusters.

In der Naht steppen Eine Stepplinie, die exakt in der Nahtlinie zwischen zwei Stoffteilen verläuft und von der rechten Seite nicht sichtbar ist.

Jersey Gestrickter oder gewirkter Stoff aus Baumwolle oder anderen Fasern. Jersey ist leicht elastisch.

Klettband Verschlussband aus zwei Lagen: einer flauschigen und einer harten. Jede Lage wird auf eine Seite des Verschlusses genäht. Zum Schließen die Bandlagen zusammendrücken, zum Öffnen auseinanderziehen.

Kurzwaren Zubehör, das außer Stoff zum Nähen benötigt wird, z.B. Knöpfe, Reißverschlüsse, Gummiband, Garn.

Langettenstich Handstich, der zum Versäubern um eine Schnittkante oder als Dekoration um eine versäuberte Stoffkante gestickt wird.

Linke Seite Rückseite eines Stoffs, die beim fertigen Projekt innen liegt.

Nähfuß Der Teil der Nähmaschine, der auf den Stoff abgesenkt wird und diesen auf die Stichplatte drückt. Es gibt verschiedene Nähfüße für unterschiedliche Zwecke, z.B. zum Einnähen von Reißverschlüssen.

Naht Linie, auf der zwei Stoffteile zusammengesetzt werden.

Nahtzugabe Der Abstand zwischen Schnittkante und Nahtlinie, der als zusätzliche Stoffbreite beim Zuschneiden berücksichtigt werden muss.

PUL-Stoff (PUL = Polyurethan-Laminat) Dünner Stoff mit einer auflaminierten, wasserdichten Beschichtung auf der linken Seite. Im Fachhandel und online.

PVC-Stoff (PVC = Polyvinylchlorid) Wasserdichter Synthetikstoff mit glänzender Oberfläche. Im Fachhandel und online.

Rechte Seite Die Seite des Stoffs, die beim fertigen Projekt außen liegt.

Reißverschlussfuß Spezieller Nähfuß für die Nähmaschine, der exakt an den Zähnchen eines Reißverschlusses läuft und dadurch das exakte und gerade Einnähen von Reißverschlüssen erleichtert.

Rollschneider Ein Schneidewerkzeug mit scheibenförmiger, drehbarer Klinge. Wird für gerade Schnitte (entlang einer Schiene) durch mehrere Stofflagen verwendet, z.B. für Patchwork-Quadrate. In verschiedenen Größen erhältlich.

Rückstich Stich zum Nähen und Sticken mit der Hand, der auf der Rückseite eine Reihe doppelter Stiche ergibt. Gut für stabile Nähte.

Saum Die umgebügelte und umgenähte Kante eines genähten Werkstücks. Gesäumte Kanten fransen nicht aus. Säume können auf verschiedene Weise von Hand und mit der Maschine genäht werden.

Saumzugabe Zusätzliche Stofflänge, die beim Säumen eingeschlagen wird und beim Zuschnitt berücksichtigt werden muss.

Schneidematte Matte zum Schneiden mit einem Cutter oder Rollschneider. Sie besteht aus einem speziellen Material, in dem sich Schnitte von selbst wieder verschließen.

Schneiderkreide Kreide in Plättchen- oder Stiftform zum Anzeichnen von Markierungen auf Stoff. Erhältlich in verschiedenen Farben. Die Striche lassen sich nach der Fertigstellung leicht ausbürsten.

Schrägstreifen Schmaler Stoffstreifen, der im schrägen Fadenlauf (45° zur Webrichtung) zugeschnitten ist. Leicht dehnbar, darum auch zum Einfassen von Rundungen geeignet.

Stoffbruch Die Kante, an der der Stoff gefaltet wird. Wenn auf dem Schnittmuster eine Kante mit »Stoffbruch« beschriftet ist, muss sie genau an diese gefaltete Kante gelegt werden.

Unterfaden Der Faden für die Nähmaschine, der sich auf der Spule unter der Stichplatte befindet.

Unversäuberte Kante Die Schnittkante eines Stoffs, die ausfransen kann. Sie muss versäubert oder eingefasst werden.

Verriegeln Zum Sichern von Anfang und Ende einer Naht zuerst einige Stiche vorwärts nähen, dann dieselbe Anzahl Stiche rückwärts. Danach vorwärts die Naht in ganzer Länge steppen.

Vordere Mitte Die senkrechte Symmetrieachse auf dem Vorderteil eines Schnittmusters.

Vorstich Ein einfacher Handstich, der aus Stichen gleicher Länge mit gleichen Abständen besteht.

Wenden Mit der Maschine bis zum Eckpunkt nähen und die Nadel dort in den Stoff einstechen. Den Nähfuß anheben. Den Stoff, der durch die eingestochene Nadel nicht verrutschen kann, in die neue Nahtrichtung drehen. Den Nähfuß senken und die Naht fortsetzen.

Zackenschere Eine Schere mit gezackten Klingen. Sie wird zum Schneiden dekorativer Kanten an nicht ausfransenden Stoffen verwendet. Kanten konventioneller Stoffe fransen nicht so leicht aus, wenn sie mit einer Zackenschere geschnitten werden.

Zickzackstich Maschinenstich, der zum Versäubern von Stoffkanten und für dekorative Zwecke verwendet wird, z.B. zum Aufnähen von Applikationen. Länge und Breite des Stichs sind verstellbar.

Register

Bezugsquellen

Stoff & Co.

Frau Tulpe
Große Auswahl von Baumwollprints mit Retromustern,
außerdem Schnittmuster und Zubehör.
www.frautulpe.de

Stoffekontor
Vielseitiges Angebot an hochwertigen Bekleidungsstoffen
und Dekostoffen, Kurzwaren und Accessoires.
www.stoffekontor.de

Volksfaden
Schöne, ausgesuchte Designerstoffe mit knallig
bunten Motiven.
www.volksfaden.de

Daimer Filze
Filz von bester Qualität in allen Farben, die das
Herz begehrt.
www.daimer-filze.de

Quiltzauberei
Tolle Stoffe sowie nützliches Werkzeug und Zubehör
zum Quilten und Patchworken.
www.quiltzauberei.de

Stoff'n
Für kreative Mamas, Omas,
Freundinnen ...: Stoffe
selbst designen und
bedrucken lassen.
www.stoffn.de

Basteln, Modellieren & Co.

Boesner
Künstlerbedarf mit reichhaltigem Angebot, unter anderem
für Papier, Modellierwerkzeug etc.
www.boesner.com
www.boesner.at
www.boesner.ch

Metalclaystudios
In dem Shop ist neben Knetsilber auch Artclay aus Kupfer
und Gold erhältlich. Wenn Sie Ihr Schmuckstück profes-
sionell brennen lassen möchten, können Sie es dort auch
hinschicken.
www.metalclaystudios.de

Idee Creativmarkt
Hier finden Sie alles rund ums Basteln, vom Scrapbook-
ing über Stempelzubehör und Stoffmalfarben bis hin zu
Modelliermassen und Schmuckmaterial.
www.idee-shop.de

Buttinette
Onlineshop mit einem breiten Angebot an Bastelzubehör
aller Art, dazu alles, was man für Handarbeiten braucht.
www.buttinette.com

Dank

Dorling Kindersley bedankt sich für die engagierte Mitarbeit und die Beiträge zu diesem Buch.

Umsetzung der Projekte

Debi Birkin: Kuschel-Kissen, Schäfchen-Decke, Badespaß Pinguin-Paar, Kleine-Freunde-Mobile

Amy Cox: Knopf-Kaninchen

Janet Dudley: Utensilo fürs Bettchen, Babys Handgepäck, Lätzchen, Sommer-Schühchen, Mustermix-Sonnenhut, Süßes Sommerkleid, Wasserdichte Tasche

Kathryn Meeker: Patchwork-Quilt, Wimpelkette, Blütenblätter-Spielmatte, Eulen-Kissen, Faltbare Wickelmatte, Weicher Türpuffer, Wal Wanda, Klapperhund, Wollfilz-Kugeln, Stapelringe, Bilderbuch aus Stoff, Kuschel-Krake, Blumen-Schmetterling, Schlenker-Maus, Safari-Fingerpuppen, Hemdchen mit Rosetten, Maritime Hemdhöschen, Stirnband mit Rosette, Allererste Mütze, Allererste Handschuhe, Winzige Fußabdrücke, Cupcake-Geschenkbox

Nicola Rodway: Gerahmter Handabdruck, Verzierte Kleiderbügel, Sternenhimmel-Wickeldecke, Streifen-Bilderrahmen, Bauklötze, Begrüßungskarten, Geburtstagssilhouette

Clara Smith: Fingerabdruck-Anhänger

Susan Trevor: Faltbare Wickelmatte, Feenhaus-Türstopper

Weitere Mitarbeiter

Korrektorat Angela Baynham

Register Marie Lorimer

Fotoassistenz und Hand-Model Carly Churchill

Zusätzliche Fotos Dave King

Foto-Location 1st Option

Requisiten Backgrounds

Models Teagan Dudley, William Edwards, Maddison Janice Holt, Oscar John Holt, Jimmy Knowles, Abigail Leong, Thomas Mackrill, Tulsi Nair, Blake Reeder, Saakshi Alva Roberts, Scarlet Squier, Olivia Astill-Suppria, Benedict Charles Philipson Todd und Edward Veer

Viel Freude beim

Selbermachen!